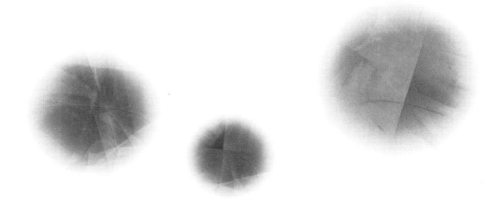

障害児教育福祉の通史
名古屋の学校・施設の歩み

小川英彦 著
Ogawa Hidehiko

三学出版

序・まえがき

　本書は、『名古屋教育史Ⅰ・Ⅱ・Ⅲ』の中で筆者が執筆した障害児教育の歩みを礎に、かなり加筆した形になっている。同3冊では共著であったためどうしても紙面の制約が生じて、限定的な記述にならざるをえなかった。そこで、本書では筆者が調査して保存している資料を新たに加えたり、その時代のわが国の行政動向を述べたりするなどで、その全体像をできるだけ明らかにするように心がけた。まだ課題はあるものの、幾分なりともより充実させることになったと感じている。補充・蓄積という視点から同書と本書のそれぞれの立ち位置があると考えている。

　ところで、本書の一番のキーワードは「通史」である。これは、歴史記述の一方法であって、ある特定の時代に限定するのではなく、全時代にわたって時代の流れを追って書かれた歴史と理解できよう。ただ、本書ではわが国全体を網羅することはとても難しいので、名古屋を研究対象とすることを断っておきたい。

　障害児の教育や福祉の通史をめぐっては、これまでの幾編もの先行関連研究をながめる中で、次のような特質があるのではないかと考えている。

　第一に、障害児の教育や福祉についての市町村史・県史といった記述がある。

　第二に、保育や教育や医療などといった各領域における総合的な記述がある。

　第三に、個人による、専門機関や団体による記述がある。

　第四に、学校や施設の記念誌的取り組み、人物史、制度史についての記述がある。

　こうした記述の仕方をふまえつつ、本書では、国の行政動向の中での名古屋の位置づけ、名古屋ならではの実践の特徴、障害児（者）のライ

フステージ（生涯）を意識した視座を大切にしたいという思いがある。これらの点に注目し、できるだけ多くの時代・分野を再点検することで、今日の到達点と今後の方向性が提起できるのではないかと考えている。

そして、本書の記述形式としては、①序　まえがき、②凡例、③目次、④第1部　総論として－時期区分、⑤第2部　各論として－学級・施設の歩み、⑥略年表、⑦あとがき、⑧主な参考、引用文献、⑨事項・人名索引とすることとした。ただ、資料編（文献目録）にあたっては別に所収しているのでここでは割愛した。

筆者は、これまで三学出版より3冊の歴史研究書を刊行してきた。まだまだ浅学ではあるが、一応、以下の点に重きがあろう。

2014年刊行の『障害児教育福祉の歴史－先駆的実践者の検証－』では、人物史研究ではあるが、明治期から昭和期にかけての実践が創造される社会背景、成立要因、実践に流れる思想を明らかにした。

2016年刊行の『障害児教育福祉史の記録－アーカイブスの活用へ－』では、教育と福祉と医療などの各分野で重要と考えられる資料の発掘、整理、保存の作業をしながら、後世に伝えることを目的とした。

2018年刊行の『障害児教育福祉の地域史－名古屋・愛知を対象に－』では、地域という視点で、学校（学級）・施設・児童問題研究所を取り上げ、残されている資料を丹念に検証することで、当時の実態を明らかにすることができた。

これら3冊のキーワードは、順に「人物」「記録」「地域」であった。そして、今回は「通史」とすることとした。

障害児教育福祉の歴史研究の第一人者である津曲裕次先生（元筑波大学教授）は、『精神薄弱問題史概説』の中で、「今後の日本精神薄弱教育通史は、かかる地方史研究の成果を学ぶことなしにはその全体像を明らかにすることはできない」と主張している。本書が、名古屋という地域における通史を扱うことで、この全体像を明らかにすることに寄与する

ことになろう。

　「温故知新」の出典は『論語』為政である。「子曰、温故而知新、可以為師矣」、孔子先生はおっしゃった。古くからの伝えを大切にして新しい知識を得ていくことができれば、人を教える師となることができるだろう。古いものをたずねたり、再度考えたりすることの知的経験の意義を確認しておきたい。

　筆者の約40年間の研究が、ほんの少しでも障害児を対象とする教育と福祉の今後の進展になることを願っている。

文献
・名古屋市教育委員会『名古屋教育史Ⅰ－近代教育の成立と展開－』(2013年)
・名古屋市教育委員会『名古屋教育史Ⅱ－教育の拡充と変容－』(2014年)
・名古屋市教育委員会『名古屋教育史Ⅲ－名古屋の発展と新しい教育－』(2015年)
・津曲裕次『精神薄弱問題史概説』(1980年)

　　　　　　　　　　　　　　　　　　　　　　　　　　　　著者

凡　　例

1．全期間を戦前、戦後に大別した上で4つの時期区分を示し述べてある。

2．統計は、公的な機関から発表されているものを優先した。

3．引用文の用字用語は、歴史的用語としてそのままとした。

4．年号の表記は、元号と西暦の併用とした。

5．人名については敬称を省略してある場合がある。

6．引用した資料は、文中で「『〇〇〇』によれば」という表記につとめた。

7．名古屋市立・愛知県立の機関は、その冠称「名古屋市立」「愛知県立」を省略している場合がある。

8．参考・引用文献は、主なものだけを巻末に一括して所収した。（論文は除いた）

9．索引は、事項と人名の別にした。

10．年表は本文に即した事項（機関、法、刊行など）をまとめた。

11．資料編（文献目録）は別の本で紹介してあるので割愛した。

目　次

　　序・まえがき　　iii

　　凡　　例　　vi

第1部　総論として ― 時期区分

時期区分に向けて ・・・・・・・・・・・・・・・・・・ 2

第2部　各論として ― 学級・施設の歩み

第1章　明治・大正を通して〔萌芽〕・・・・・・・・・・ 7

　　第1節　私立名古屋盲啞学校での盲聾教育の発足　8

　　第2節　愛知学園・中央有鄰学院での感化教育との関連　17

　　第3節　個別学級での劣等児教育の開始　21

　　第4節　名古屋市立盲啞学校での実践展開　28

　　第5節　愛知県児童研究所での事業　42

　　第6節　八事少年寮での精神薄弱児対応　46

　　第7節　野間郊外学園や学童保養園での病弱・虚弱児教育の開始　57

第2章　1950年代以降を通して〔展開〕・・・・・・・・65

　　第8節　戦後の浮浪児対応との関連　66

　　第9節　名古屋市立旭白壁小学校での試行的な精神薄弱児教育の開始
　　　　　　70

　　第10節　名古屋市立菊井中学校での教育課程づくりと精神薄弱児教育の
　　　　　　展開　75

　　第11節　名古屋市立幅下小学校での組織的な精神薄弱児教育の発展　81

　　第12節　名古屋市立精神薄弱児特殊学級の増設　86

　　第13節　盲聾教育の制度的整備　93

　　第14節　公立の児童福祉施設の増設　96

第3章　1970年代以降を通して〔拡充〕・・・・・・・・99

　　第15節　名古屋市立養護学校の開校　100

　　第16節　統合保育の開始　110

第4章 2000年代以降を通して〔展望〕・・・・・・・・ 115

 第17節 見晴台学園での「生涯学習」 116

 第18節 地域療育センターでの「地域支援」 117

 第19節 なごや子ども条例の「意見表明権」 119

 名古屋の障害児教育福祉略年表 122

 あとがき 128

 主な参考・引用文献（論文は除く） 130

 事項・人物索引 135

第 1 部

総論として ― 時期区分

時期区分に向けて

　序・まえがきで表記したように、本書は通史である。
　名古屋における障害児教育福祉の事柄を取り上げる場合に、それぞれの時期がどういう段階かを考えるにあたって時期区分が必要になってこよう。換言するならば、時期区分は、体系的に歴史を理解するための方法なのである。
　障害児教育福祉の歴史を整理するために、ここでは以下のような特徴のある出来事を順に取り上げた。

①障害児の把握と対応開始・・・戦前
　　　盲啞児を対象とした学校づくり（視覚障害、聴覚障害）。
　　　感化教育との関連での知的障害の顕在化。
　　　学業不振児学級（名古屋では個別学級と称した）の開設。
　　　研究所の設立。
　　　私立の精神薄弱児施設の創設。
　　　病弱・虚弱児対応。

②特殊教育の義務化と施設対応・・・戦後〜
　　　精神薄弱児学級の開設と増設。
　　　盲聾教育の制度的整備。
　　　公立の児童福祉施設の増設。

③重度の子どもの教育権保障と幼児期への対応・・・1970年代〜
　　　養護学校の義務制施行。
　　　統合保育の開始。

④発達障害への対象拡大と地域支援・・・2000年代〜
　特別支援教育制度の開始。
　地域療育システムの定着化。

　以上のようにそれぞれの時期で特筆してみると、第一に、障害児とする対象が、障害の種類別と程度別で広がっていく過程を見出すことができる。第二に、障害児に対応する場所が、試行的になされた学級や施設での取り組みから制度の充実でその数が増えていくことを読み取ることができる。そして、第三に、ライフステージ（生涯）にわたった支援、地域ぐるみの支援といった各関係者の専門性の発揮を理解することもできる。

　本書では、上記4つの時期に分けた上で、教育と福祉の両領域での特徴的な出来事を第2部で網羅していく。名古屋というひとつの地域ではあるものの、一貫した見地から歴史の長期的過程を総合的に把握するようにしたい。あくまでも、上記の視点は、仮説の範囲での試みであることを断っておく。

第 2 部

各論として ― 学級・施設の歩み

第 1 章

明治・大正を通して〔萌芽〕

第1節　私立名古屋盲啞学校での盲聾教育の発足

　明治末期から大正にかけての盲聾教育の特徴をみると、①学校数・児童生徒数の顕著な増加、②教育内容・方法の向上がある。

　『文部省年報』によると、明治30(1897)年には、官公立2校、私立2校の合計4校、児童生徒数は盲119人、聾194人の合計313人であった。明治39(1906)年には、官公立2校、私立29校の合計31校へ、児童生徒数は盲720人、聾812人の合計1,532人となっている。さらに、明治40(1907)年には、官公立3校、私立35校の合計38校へ、児童生徒数は盲873人、聾806人の合計1,679人へと増加している。大正元(1912)年には、官公立6校、私立51校の合計57校へ、児童生徒数は盲1,600人、聾1,069人の合計2,669人と顕著に増加している。

　以上の推移からは、日露戦争後になると聾教育に比べて盲教育が中心となっている点を指摘できる（図1参照）。これは、日露戦争によって失明軍人のことが社会問題となったこと、盲人への按摩・鍼灸の職業教育の必要性が起こったことなどに起因する。

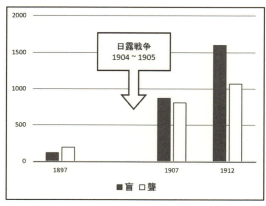

図1　生徒数の推移

もう一つ、設立された学校は私立が圧倒的に多いことがわかる。当時の盲聾教育は慈善救済の性格が強く、キリスト教や仏教関係者が設立者となっていることから、公的な性格が希薄であった。しかも、不安定な寄付や援助に依存するために経営基盤が弱い小規模な学校が多く、優秀な教員も得難かった。たとえば、明治 39(1906) 年には、私立教員数は 1 校あたりの平均が 4-5 人であり、児童生徒数は 34 人余であったという。児童生徒数の増加とともに学校施設の整備拡張が必要になるものの、経営的な行き詰まりと盲唖学校の社会的地位の低さを抱えていた時代であった。この状況は、大正 12(1923) 年の盲学校及聾唖学校令公布まで続くこととなった。

　ところで、大正元 (1912) 年 10 月設立の「名古屋市立盲唖学校」についてみてみよう。その始まりは明治 34(1901) 年 4 月に名古屋市中区南伏見町の民家を借り、盲人青年教師である長岡重孝が開設した「私立名古屋盲学校」である。その開設時の様子は『愛知県聾学校二十五年史』によれば、次のようであった。

　「長岡は其の頃名古屋市に一の盲人教育機関もない事を嘆かれ、父と共に奔走して盲学校設立の許可を得、・・・階上を教室に充て夫妻二人教員となり明治 34 年 4 月から授業を開始さる。創業費は悉く自弁されたが将来の維持発展を計る為に篤志家の寄附を仰ごうとされた。併し、之は容易の事ではなかった。内にあっては生徒の教養に努め、出でては先覚者の門を叩いて同情を求め、或は盲児の家を訪ねて就学を勧めるなど、遂に僅かの家産を悉く費消された。然るに氏は不撓不屈独力を以て学校を経営せんとして、午前 5 時から同 9 時まで授業し、鍼按業に従事して患者の招に応じ、傍ら地理書の著述やら、盲人用速記機の考案やら、点字新聞の発行やら百方学校経営費を得ん事に努力された。」設立時はわずか 7 人の児童生徒のみを対象としていた。長岡の教育観は「盲人も人間なのだ。人間として知識、教養を身につけてその上に、技術を

つけることが大切である」と示されている。扶桑新聞の明治34(1901)年4月13日付には妻たみ子との学校経営に尽力した記事が載っている。なお、長岡の記述については、このほかに『名古屋盲学校六十年誌』、『教育愛知』22巻8号、毎日新聞「私学山脈」中46、47に詳しい。

私立名古屋盲学校の学則は次のようである。

> 第1条　本校は盲者に普通の知識を授け独立の道を得せしめるを以て目的とす
> 第2条　教科を分ちて普通科及技芸科とし普通科は更に尋常高等の二科に分ち技芸科又は鍼按科と音楽科とに分つ
> 第3条　普通科の学科目は修身、国語、算術、地理、歴史、理科、英語、唱歌、体操とし技芸科の内鍼按科の教科目は解剖、生理、病理、鍼治学、按摩学、鍼術、按摩術、音楽科の教科目は琴、三味線、胡弓、音楽史及音楽理論とす
> 第4条　普通科の修業年限を6ケ年とし尋常高等3年に区分し技芸科の修業年限は5ケ年とす
> 第5条　普通科の教授時数を毎週24時とし技芸科の教授時数は毎週6時とす又別に其練習時若干を設く
> 第6条　教授時間は4月より10月までは午前6時より同11時まで11月より翌年3月までは午前7時より12時までとす
>
> （第7条以下は略記）

この学則の特徴は、①盲教育より開始していること、翌年には唖の教育も始めているが、この時点では聾唖教育まで考えていないこと、②英語や理科があること、③鍼按科に按摩学、按摩術も含めていることである。また、月謝は1ケ月50銭と随分高額であることから、貧しい家庭からは敬遠されることがあった。

明治35(1902)年からは篤志家は金品を寄付し、県からも補助金が交付されるようになった。同年10月に「私立名古屋盲唖学校」と改称し、

中区東橘町のやや広い民家に移り聾啞部も併置し、盲部に音楽科が設けられた。当時の状況については、「此の頃盲生十余名啞生十余名。授業は盲部午前7時始りで夫妻二人で教授を担任し、聾啞部は午後3時始りで、古渡小学校教員某氏が兼任された」。明治36(1903)年には中区南鍛冶屋町に移っている。日露戦争が始まって寄付金は途絶し、再び悲境に陥り一家の生計も困窮、もともと体の弱かった長岡は遂に病にたおれ、明治37(1904)年24歳の若さで世を去った。なお、当時の学校経営の窮乏については、明治37(1904)年5月12日付扶桑新聞で「基本金、賛助金、及び普通寄附金等にて維持し居るものなるが、普通寄附金応募の如きは皆無の有様にて」とされている。さらに、明治42(1909)年4月24日付扶桑新聞では、学校内の様子を『盲生は談話、啞生の教授、盲生の唱歌』と題して伝えている。

　創立とその後の経営は前述した私立学校の常として苦難の連続であって、大正元(1912)年9月で一旦廃校となる。しかし、この学校の児童生徒や教員がそのまま残って、名古屋市が引き継いで「名古屋市立盲啞学校」として新しく発足させたのである。場所は名古屋市公報第4号によれば、東区小川町39番公立学校敷地外とある。敷地外であるのは元小川小学校旧校舎のことを意味する。一谷源八郎を学校長事務取扱の兼務として、教員は、加藤安蔵、安藤太三郎、小関正道、古橋幸太郎、大島為道、山田秋衛、長岡ようの7名であった。また、当時の学級数は、盲部5学級、啞部4学級、児童生徒合計48人であった。『愛知教育雑誌』第294号によれば、「盲啞学校経常費は6ヶ月分のみ計上しあり其総額弐千四百六拾弐円七拾弐銭なる・・・校長は月俸五拾円」と大阪市と京都市の盲啞学校よりも低い月俸額になっている。さらに、「其の学科は鍼按科図画裁縫科にして外に普通学科を設くべく音楽科は尚ほ未定なり」としている。

　大正元(1912)年9月25日の名古屋市公報、彙報欄に学則があるので、

資料として掲げる。

> 名古屋市立盲唖学校学則
>
> 　　　第一章　目　　的
>
> 第一条　本校ハ盲唖者ニ普通教育ヲ施シ並ニ特種ナル技芸ヲ授クルヲ以テ本旨トス
>
> 　　　第二章　学科・教科目・修業年限
>
> 第二条　本校ニ盲部・唖部ノ二部ヲ置キ各部ヲ普通科及技芸科ニ分ツ
>
> 第三条　盲部普通科ノ教科目ハ修身・国語・算術・日本歴史・地理・理科・唱歌・体操・裁縫トス其課程及毎週教授時数ハ第一号表ニ依ルベシ
>
> 第四条　盲部技芸科ヲ分チテ音楽科鍼按科トス
> 　　　　音楽科ノ教科目ハ修身・音楽・体操トス、其課程及毎週教授時数ハ第二号表ニ依ルベシ
> 　　　　鍼按科ノ教科目ハ修身・生理及解剖・病理及衛生・鍼治・按摩・体操トス其課程及毎週教授時数ハ第三号表ニ依ルベシ
>
> 第五条　唖部普通科ノ教科目ハ修身・国語・算術・日本歴史・地理・理科・図画・体操・裁縫・手工トス其課程及毎週教授時数ハ第四号表ニ依ルベシ
>
> 第六条　唖部技芸科ヲ分チテ図画科・裁縫科トス
> 　　　　図画科ノ教科目ハ修身・図画・体操トス其課程及毎週教授時数ハ第五号表ニ依ルベシ
> 　　　　裁縫科ノ教科目ハ修身・裁縫及刺繍・体操トス其課程及毎週教授時数ハ第六号表ニ依ルベシ
>
> 第七条　普通科ノ修業年限ハ各六箇年、技芸科ニ在リテハ盲部音楽科ハ六箇年、唖部図画科及裁縫科ハ各五箇年、盲部鍼按科ハ四箇年トス
>
> 第八条　生徒ニハ普通科ト技芸科ノ一分科ヲ兼修セシムルモノトス

　　　　　音楽科ヲ修ムル者ハ普通科第一学年ヨリ図画科又ハ裁縫科ヲ
　　　　修ムル者ハ普通科第二学年ヨリ鍼按科ヲ修ムル者ハ普通科第三
　　　　学年ヨリ兼修セシム
第九条　前条兼修セシムベキ学科ハ生徒ノ志望ニ依リ之ヲ課セザルコ
　　　　トヲ得又技芸科ノミヲ専修セシムルコトヲ得　但技芸科ノミヲ
　　　　専修セントスル者ハ普通科第二学年修了若ハ之ト同等以上ノ学
　　　　力ヲ有スル者タルベシ
　　　　　　　　　……（中略）……
　　　　　　　第四章　　入　学　・　退　学
第十五条　生徒ノ入学ハ毎学年ノ始トス但欠員アルトキハ臨時入学ヲ
　　　　許スコトアルベシ
第十六条　生徒ノ定員ハ盲啞両部ヲ通ジテ二百名トス
第十七条　普通科並技芸科ニ入学シ得ベキ者ハ盲部啞部共ニ年齢凡十
　　　　年以上十六年以下トス但特別ノ事情アル者ハ此限ニアラズ
第十八条　入学志願者ニシテ既ニ学芸ノ素養アル者ニハ試験ノ上相当
　　　　学年ニ編入スルコトアルベシ
第十九条　入学志願者ハ左式ニ依リ願書ヲ差出スベシ
　　　　　入　学　願　（用紙半紙）
　　　　　　原籍
　　　　　　　現住所　族籍職業某何男（女）等
　　　　　　　　　　　　　　　　　氏　　　　　　　名
　　　　　　　　　　　　　　　　　　　　　生年月日
　　　　右御校ニ入学致サセ度此段相願候也
　　　　　　　　原籍
　　　　　　　　　現住所　族箱職業
　　　　　　　　　右父兄又親　　氏　　　　　名　　｜印｜
　　　年　月　日
　　　名古屋市立盲啞学校長氏名殿

> 第二十条　入学ノ許可ヲ受ケタルトキハ左式ニ依リ入学後十日以内ニ
> 　　　　入学証書ヲ差出スベシ但保証人ハ名古屋市若ハ其附近ニ居住シ
> 　　　　丁年以上ニシテ一家計ヲ立ツル者タルベシ
> 　　　入　学　証　書　（用紙半紙）
> 　　　　原籍
> 　　　　現住所　族籍職業某何男（女）等
> 　　　　　　　　　　　　　　　　氏　　　　　名
> 　　　　　　　　　　　　　　　　生年月日
> 　　右入学御許可相成候ニ就キテハ御規則堅ク相守ラセ本人身上ニ関
> 　　スル一切ノ義ハ私共引受ケ申スベク仍テ証書如斯ニ候也
> 　　　年　　月　　日
> 　　　　原籍
> 　　　　現住所　族籍職業
> 　　　　　父兄又ハ親戚　　　　氏　　　　名　　［印］
> 　　　　原籍
> 　　　　現住所　族籍職業
> 　　　　　保　証　人　　　　　氏　　　　名　　［印］
> 　名古屋市立盲啞学校長氏名殿
> 　　　　　　　……（後略）……
>
> (愛知県立名古屋盲学校『創立八十周年記念誌』)

　この学則の特徴は、市立尋常小学校としての体系を整えていることはもちろんのこと、①入学年齢を凡10年以上16年以下(第17条)、②技芸科においては、平均6分以上の得点の者のみ進級又は卒業できるとしていること(第27条)、③授業料の免除措置がとられていること(第29条・30条)、④普通科女子の裁縫、技芸科の箏三弦、鍼按科など「特種ナル技芸」の教授に重点を置いていること(第3・4条別表)にある。

　市立への移管にあたっては、当時盲聾教育への理解者は乏しく、私立での経営も厳しい中ではあったものの、徐々に各種研究会が実施され

るようになった。明治 39(1906) 年には聾唖教育講演会、全国聾唖大会、翌年には日本盲唖学校教員会が開催され、移管運動も活発化していった。中村校長は「盲唖教育は慈善事業ではない。盲唖者や父兄は、義務教育免除を望んでいない。すみやかに市立に移管すべきである」と考え、移管運動を続け実現させたのである。その移管理由については、長岡校長時代の経営的な苦境を回避すること、盲唖児の就学率が健常児とはあまりにも差があったこと、慈善事業からの脱却があったと考えられる。

「名古屋市立盲唖学校」の取り組みで特筆すべきは、首席訓導の橋村徳一(1879-1968)の実践であろう。橋村は後に画期的な口話法を全国的に普及させていくが、その準備期間として以下の実践があった。

橋村は、愛知県第一師範学校卒業、東京盲唖学校教員練習科卒業、日本大学高等師範科卒業後の 33 歳になって、名古屋市立盲唖学校に招聘され、大正 3(1914) 年に校長に昇任している。就任直後は、聾唖児の発音指導に着目して、鏡にうつしながら、ア・イ・ウ・エ・オの五十音を繰り返し発音して舌の動きや声帯の振動を記録し、暗中模索の研究を継続している。橋村は自らの実践経過を、①手話期②混合期③口話期として、口話法の試行研究につとめたほか、伊藤舜一を教員として迎え、音声学的発音指導法を研究し、聾唖会話読本、聾唖国語読本、聾唖国語教授法の編集をしている。

また、大正 8(1919) 年には吉田角太郎を招き、口話法の研究に加えて、文章教授法にまで進めている。大正 9(1920) 年 4 月の入学生から、純口話式聾教育の実施に踏み切って、後に、安藤太三郎には聾唖国語読本巻三、巻四及び聾児会話教授法の編集に、吉田角太郎には聾唖国語読本巻五、巻六、巻七の編集に着手させている。この時期は口話法の準備期間と位置づけられよう。大正 13(1924) 年 11 月の『愛知教育』第 443 号には、橋村の「名古屋市立盲唖学校聾唖部口話法実施経過」が掲載されており、結語として「13 ケ年間の努力の結果としては、・・・聾教育たる

や本校創立当時は、全く未開の状態にて総べての問題は、吾人の研究と努力によって解決せなければならなかった。・・・聾教育口話法可能の宣伝を怠らないことである」と述べている。

　橋村の業績としては口話法が有名であるが、そのほかに、東区小川町49に本要寺書院を借り受け、6条から成る寄宿舎規則に則り寄宿舎を開設している。大正2(1913)年4月1日制定の同規則第1条は「寄宿ヲ願フモノハ日常起居ノコトヲ自辨シ得ル者タルベシ」第3条は「寄宿料ハ1ケ月凡ソ4圓50銭トス」となっている。さらに、盲部鍼按科の指定認可に始まり、鍼灸按マッサージ科としての灸術認可や音楽科の加設による卒業生の生活向上をはかった。名古屋市会の決議にもとづいて寄付金を募集し中区宮前町への新校舎移転を成し遂げたり、名古屋において盲啞教育令発布期成会を組織し、盲学校及聾学校令公布の端緒をつくったりしている。

第2節　愛知学園・中央有鄰学院での感化教育との関連

　1890年代以降のわが国における資本主義経済の確立と進行は、社会に貧富の格差や労使間の対立という社会問題を発生させた。このような混乱した社会情勢の中で不良傾向のある少年の問題が拡大した。従来、不良少年は刑務所の懲治監・懲治場で刑罰を科せられたが、不良行為は繰り返された。ここでは、全く犯罪者と同じ扱いを受けていたのであった。

　そのため、明治33(1900)年に公布された感化法によって道府県に設置を義務付けられたのが感化院である。この法では、非行少年を刑罰ではなく保護・教育によって扱うことを定めている。換言すれば、非行少年を応報主義の立場からではなく、教育主義の立場から処遇することが制度的に確立されたのである。その後、昭和22(1947)年の児童福祉法により「不良行為をなし、又はなすおそれのある児童」を対象とした教護院へと移っていく。そして、今日的には児童自立支援施設へと施設名が変わっている。

　感化教育は、盲啞教育や精神薄弱教育とともに、慈善事業家の努力によって展開したものである。ここでは、非行問題と知的障害問題の関係性があることより、愛知学園と中央有隣学院を取り上げる。

　愛知学園は明治42(1909)年5月1日に東春日井郡水野村安戸に開設され、大正11(1922)年6月に名古屋市千種区田代町に移転する。明治41(1908)年10月、旧刑法の改正と感化法の一部改正により、国庫補助の道が開けたことで、全国的に感化院の普及が進んだ。明治41(1908)年には10県、42(1909)年には24県、43(1910)年には4県が感化法を実施し感化院を設立した。大正4(1915)年には沖縄県が感化院を設立し、その数は51件に上った。こうした全国的な動向を背景にして愛知学園

も設立されている。

　発足当時の同学園は、6寮舎、定員60名の規模であった。しかし、職員を募集しても「そんな恐ろしいところへ行けるか」という理由で全く人が集まらず、当初は職員数3人でスタートしている。その時の予算と職員3人の俸給の合計は年間12,348円であった。その後、2組の夫婦と独身職員を得て運営が軌道にのりはじめた。男子職員は僧侶出身、女子職員は寡婦がそのほとんどを占め、水野村時代は完全な夫婦制ではなく並立制の経営であった。

　初代園長の伊東思恭は、アメリカのマサチューセッツ、ウエストポーカー州立感化院の見学をはじめ、『欧米不良少年感化法　第壱編』の編著の中で、①英国感化院の歴史、②英国感化学校法、③英国認可感化学校管理規則標準、④感化学校の実例として、レッドヒル仁愛農業学校とコロンウフル感化院を紹介している。こうした欧米での先駆的実践に精通していたことが愛知学園の開設につながっていることは重要である。

　明治42(1909)年10月25日付扶桑新聞によれば、「第一回の収容生は10名内外の予定なり・・・此程園長に伊東思恭を家長兼教師に多田得了を保姆兼教師に多田ミツを任命し普通事務は本月中旬より開始したる」と報道している。小舎制、特に夫婦家族舎制によって感化教育を実施している。それは、先行する留岡幸助の家庭学校の影響下にあったためととらえることができよう。まさしく、愛知学園の教育は家族的組織で行われていた。愛知県公報号外第1419号によれば、愛知学園規則における各職員の役割は次のようである。

第1条　感化法ニ依リ愛知学園ヲ設置ス
第2条　愛知学園ニ左ノ職員ヲ置ク
　　　　主事1名　家長若干名　教師若干名　書記1名　保姆若干名

> 第3条　主事ハ知事ノ監督ヲ承ケ生徒ノ感化教養其他ノ園務ヲ掌理シ所属職員ヲ監督ス
> 第4条　主事事故アルトキハ上席家長其職務ヲ代理ス
> 第5条　家長ハ主事ノ命ヲ承ケ生徒ノ監護取締其他教養上ノ庶務ニ従事ス
> 第6条　教師ハ主事ノ命ヲ承ケ専ラ生徒教育ニ従事ス　教師ハ家長ト相兼ヌルコトヲ得
> 第7条　書記ハ主事ノ命ヲ承ケ庶務会計ニ従事ス
> 第8条　保姆ハ主事ノ命ヲ承ケ家長ノ職務を補助ス
> 第9条　愛知学園ニ嘱託医ヲ置ク　嘱託医ハ主事ノ命ヲ承ケ医務ニ従事ス
> 第10条　愛知学園ニ助手ヲ置キ生徒ノ実業練習ニ関シ教師ヲ補助セシムルコトヲ得
>
> （第11条以下は略記）

　一方、中央有鄰学院は私立経営であった。青山衝天の活動の発端は豊橋育児院にあるが、大正13(1924)年以降施設を名古屋市外(知多郡)大高町字夜寒9番地に約2,000坪の土地に順次移転し、昭和8(1933)年には本部も移転、床次竹二郎の命名によって中央有鄰学院と改称される。その間着々と施設の整備拡充をはかり、遂には全財産を寄附して社会福祉法人中央有鄰学院を設立し、この事業のいっそうの発展に貢献した。

　中央有鄰学院は教護部と救育部から編成されていた。教護部は①不良児童、②智能及性格上に欠陥のある児童、③神経質児童を対象として、男女両部とも特科を設置し、智能鑑別の結果から当初は2人を入所させていた。救育部は保護者のない孤独の児童及び事情が等しい貧困児童を対象としていた。

　青山が事業を感化事業、保育へと広げたのは新しい状況への対応と同時に、育児と感化は切り離せないもので孤児や浮浪児も感化の対象であ

るという認識に基づいていた。その教育の情熱とすぐれた経営手腕をもって児童の保護に尽力したといえよう。さらに、妻テルと同じ志をもって一心同体で歩んでいた。大正14(1925)年刊行の共存1巻3号によれば、「殊に現在の如く少数の児童で、青山氏夫妻が躬ら教養薫化に当り、院舎といふよりも青山氏の家庭といふ方が適当な位純家族的に経営して居る以上何等不都合は無いやうである」と紹介されている。夫婦の深い愛情と粘り強い姿勢は、起居を共にした全生活を通してなされる家庭的処遇として表れ、それが専門的技術の不足を補い、成果を生み出していったと評価できる。

　大正12(1923)年12月3日付の豊橋日日新聞によれば、「教育の欠陥がうむ不良児感化事業」と題して青山は「現今は徒らに頭を注入するのみの形式教育であると思ふ私は他の感化院の如く高い囲で周囲を廻らす事なく開放主義で唯柵のみを以て周囲を囲ってある・・・児童間に誘惑、虚栄と云ふた様な事が頻発するものを匡正するには実際苦心する云々因に斯うした開放主義の感化院は全国にも稀である」「叱責すると云ふ結果は必ず反抗心を起させる動機となるのであるから、最善の注意と温かき心を以て改悟遷善せしめる様に努めて居る」と述べている。ちなみに青山は大正14(1925)年3月から昭和4(1929)年まで方面委員を務め、社会奉仕の精神をもってあまたの功績を収めた。

第3節　個別学級での劣等児教育の開始

　戦前の特別学級の開設時期については、明治37・38(1904・1905)年以降の明治末期と大正10年代の2つの山がみられる。後者は大正11(1922)年から15(1926)年の間に際立って学級の開設が集中している。これは、大正期において教育測定方法が広がり、知能検査や学力検査の普及によって注目されはじめた能力格差、個人差の問題が取り沙汰されるようになってきたからである。特に、大都市を中心として行政により推進されている。全国的にもこの頃こうした学級が「特別学級」「促進学級」「低能児組」など多様な呼び方で設立されていくが、名古屋市役所教育課は、「個別学級」と称していた点に特徴がみられる。その全国的な動向については、形態はさまざまで特定の教科のみ、あるいは一定の時間のみ通う通級制の学級があったこと、設置期間が短期間なものが多いことがあげられる。

　名古屋市において、劣等児のための個別学級が開設されたのは大正11(1922)年から12(1923)年にかけてである。脇田良吉の『異常児教育三十年』(昭和7(1932)年)という著書によれば、「(名古屋市)八重、船方、白鳥、橘、南押切、大成」と6つの学校を紹介している。この内、八重小は優良児を対象とした個別学級であった。

　愛知県教育会は『愛知教育』誌(1887-1946)を刊行している。その第420号によれば菅原小柳川石次郎の執筆名で「劣等児童救済の小さな試み」をという記載が出てくる。そこには「特殊児童の選定、基礎調査、根本的欠陥に関する考察、救済の実行、劣等児救済の主要点、指導の結果」が述べられている。また、第424号によれば同校に「劣等児指導」として「特殊の劣等児は学級教授のみにては徹底を欠くこと多きを以て、毎日放課後膝下指導をなす。又夏期休暇等を利用して特別指導」とある。

さらに、『開校百年白鳥』（昭和 47(1972) 年）によれば、「遅進児の特殊学級の開設」という記事が出てくる。加えて『熱田風土記巻六』（昭和 45(1970) 年）によれば、「遅進児の個別指導—知能テスト実施によって知能指数の低いものの問題児を集めて特別指導の学級をもうけ」という白鳥小に関する記事もある。
　これらの記載から、少なくとも橘小、船方小、大成小、南押切小、菅原小、白鳥小の 6 学校には劣等児を対象とした個別学級が存在した。
　たとえば、南押切小の沿革誌によれば、次の記載がみられる。

個別学級開始

大正 12 年 4 月 1 日ヨリ当校内ニオケル普通学級ニオイテ救済シ難キ特別事情ヲ有スル児童ヲ救済センガタメ、ココニ個別学級ナルモノヲ編成セリ

学年		3 年	4 年	5 年	合　計	
児童数	男子	4 名	4 名	3 名	11 名	20 名
	女子	3 名	3 名	3 名	9 名	

　名古屋市の個別学級の成立要因・背景には、6 校全体に共通するものとそれぞれの学校の独自性が考えられるが、①能力別学級編成と劣等児教育問題の顕在化とそれへの対応、②知能測定方法の導入・定着化と劣等児の選定、③就学率の向上と劣等児の通級、④貧困問題、⑤先行実践の吸収とその展開、⑥その地域の中心的な伝統校における個別学級の設置と学校全体での取り組みといったことがあげられる。
　個別学級を編成するにあたっては、学科試験（読方と算術）が行われ、次に知能検査が実施された。知能検査法にあたっては、久保式やターマン式が取り扱われ、IQ70 より 90 までの学業成績不良児＝劣等児でほとんど占められていた。
　児童を把握するにあたっては、身体状況、遺伝歴、生育歴、保護者の生活実態から判断された。児童の多くは障害という程ではないが、さま

ざまの疾病・疾患を有していたり、身体虚弱であったり、また、乳幼児期における発達の遅滞（歩行・言語等）が確認されるものもいた。
　個別学級の実際の取り組みは、基礎学力（主に読方・算術）を回復・形成し、通常の学級への復帰を目的とした。その上で子どもの身体的状況や将来の進路を考慮して、養護指導・職業指導にも力が注がれていたのである。
　換言するならば、個別学級は単なる能力別学級とは違うが、しかしその一方で、低能児＝知的障害児等の障害児を対象とする学級とも異なるものであった。
　すなわち、知能検査の導入による対象児の判別、子どもの生活実態・身体状況等の多面的な把握、カリキュラム・教育内容・教育方法において一定の独自性があり、通常の学級とは異なる側面がみられる一方、対象児のほとんどが学業不振児であり、読方・算術の基礎教科の学習に重点をおいて学力の回復をはかり、社会的適応・職業自立を進めていこうとする教育目的・方針においては通常の学級と変わりはみられない。
　各校の個別学級の教育目的に関する記述をまとめてみると表１のようである。
　表１に示したように、個別学級における教育目的は、①知育に偏った通常の学級の「一斉的な形式的」教育ではなく、②長所を生かし「個性」に適応した教育であり、③職業教育を重視して、④家庭や社会生活との結びつきを深めていこうとするものであったことを知ることができる。換言するならば、学業不振児一人一人の能力に応じて個別に指導していこうというものである。
　次に各校の教科とその時間配分をまとめると表２のようになる。時間割はその配分に基づいて組まれているが、大成小の時間割は表３にあるように第１限・第２限を４つのグループに分けての指導形態をとっており、他校と比較すると特徴的である。

各校とも読方、算術、遊戯体操という教科にかなりの時間をあてているほか、自由科、実習科、個別指導科等の独自のカリキュラムも編成している。読方、算術に重きをおいたのは、「先ず此の教科の救済に努力し、能力相当に伸び得る所迄伸ばしてやり、量は少しでも確実に握らせてやろう」とする基礎学力をつけさせようとする意図を読み取ることができる。

また、船方小の場合、「一般に技能に属する教科を重視する。自由科、

表1　個別学級の教育目的

橘小	普通教室に於ける一齊的な形式的な教育が、彼等に何等の効果を与へないのは当然な事であつて、・・・(中略)・・・一層萎縮せしむるのみである・・・(中略)・・・形式的な教育や知育に偏せず、児童の実際生活に突入して、彼等の心情にふれ個性に適応した教育に依り、出来る限り夫々の長所を伸ばしたいと思ふ。
船方小	知力に全力を注がず、寧ろ知力は伸び得るだけに止めて、決して多を貪り、高きを望むべきものでないと思ふ。即ち低劣児童の教育の真諦は知育でなくて、長所を認めて職業指導に意を注ぎ、更に卑近な道徳行為を指導して常人としての交際を円満ならしめ、より多く人間としての情味をふやしてやるにあると思ふ。
大成小	この学級の児童に適した教材を、児童に適した方法によつて学習せしめんとし、就中校外教育行動主義の教育を重んじて、よく児童を活動させ、自身を低能者なりと悲観せしめず、学校生活、家庭生活、社会生活の渾一的完成を期さねばならぬ。
南押切小	出来るだけ普通の児童に近けて、其の個性なり特質なりを基にした、彼の真の力を伸るだけ伸ばして行くのではなからうか。今一つ希望を述ぶるならば、将来の職業或は生活に連絡するやうに進めて行きたい。此処にこの教育の生命があるのではなからうか。

実習科の一部は将来児童職業上有益なるもの」とし、特に実習科の内容は「学校内の除草、教室の掃除、甘藷等の焼き方、又は直接商家と交渉せしめて、実用に適する仕事の実習」として、作業や職業指導を実施している。

なお、修身科は「児童の日常生活の大部分が修身科なるが為め」「時に臨み機に応じて訓戒し指導すること」として、ほとんどの学校が「特設せず」となっているのは、単なる能力別学級編成ではない、特別学級としての独自性が出ている。表2は教科と時間配分を、表3は大成小の時間割を示している。教科の実際について以下にいくつかを取り上げてみる。

読方にあたって、橘小では、①片仮名の読方、書方を全部確実にする

表2　教科と時間配分

	算術	読方	書方	遊戯体操	唱歌	自由科	実習科	自然科	学習・遊戯	地理・歴史	理科	図書	手工	裁縫	作法	個別指導科
橘小	5	5	1	5	1	3	2	全日								
船方小	4	4		5	1	3	3	校外	2							
大成小	4	5	1	3	2	各人一様で無	一週一回		1	5・6年2	4・5・6年2	各人一様で無	各人一様で無	女各3	1	5

（注：数字は週の時間を表す）

こと。②平仮名の練習。③小学校読本巻三から漸次普通学級の経路を進ましむとなっている。また、毛筆習字を行わず硬筆習字を課している。

　算術にあたっては、橘小では、目的となる到達点を三年の形式において、17 のスモールステップに分けて段階的に指導していた。

　児童の多くが身体的な疾病・疾患をもっていたので、大成小では、①衛生－食欲便通の状況食事時間及量の確守、睡眠時間を守ること等を家

表3　大成小の時間割

土				金				木				水				火				月				曜日	
四	三	二	一	四	三	二	一	四	三	二	一	四	三	二	一	四	三	二	一	四	三	二	一	分間	○個別学級時間割
算	算	自習	算	算	算	算	自習	綴	算	算	算	算	綴	算	算	算	算	算	算	算	算	算	綴	第一限	
書	読	読	読	読	書	読	読	読	読	書	読	読	読	読	書	自習	読	読	読	読	自習	読	読	第二限	
個別指導				四五六年 体理				個別指導				五四六年 体歴				個別指導				五四六年 体地				第三限	大正十二年度
六五年男女自体由手手 四年自手				唱				個別指導 娯楽				個別指導				唱				個別指導				第四限	
				六五四年 修体図				男女自由 裁				六五四年 図体理				六五五四年男女年 珠手体修				男女自由 裁				第五限	
				諸作法				六六五女男年自 由体修				六六五男女年自 由体手				六六五女男年 体体図								第六限	

庭に向かって問い合わせて、適当な指導をなす。②保健。③個別的訓練－児童の行動を日常観察簿（年月日、身体、心性、知能、その他の様式より成る）に記載して、その原因を探求し個人別引見によって指導をなす。遊戯体操を奨励する。海浜集落林間学校等を奨励するとなっている。

　自然科は「児童ヲシテ自然美、人工美ヲ観賞セシメテ、純美ナル心情ヲ涵養セントスル」ために特設されている。そこでは、朝から校外へ児童を引率して自然や社会学習を実施していた。

　施設面でも、教室の半分を畳敷(12畳)にしたり、経費の許す限り、教室に遊具、玩具、手工道具、材料を整えたりしている。

　なお、名古屋市社会課が大正13(1924)年9月に実施した『市内各町細民状態調査』によれば、船方小や南押切小のように、「細民・貧困者」が分布する地域に相当する学校も含まれる。つまり、一部の個別学級は、貧困問題をかかえた地域に設置されたのである。

第4節　名古屋市立盲啞学校での実践展開

　文部省は、大正12(1923)年8月27日「盲学校及聾学校令」という勅令を公布し、この学校令に基づき、同年8月29日「公立私立盲学校及聾啞学校規定」が定められた。この端緒となり大きな役割を果たしたのが大正9(1920)年11月に名古屋で開かれた第7回全国盲啞教育大会であった。その状況を『名古屋新聞』は「當市に開会さる全国盲啞教育大会は慶報の如く市立盲啞学校（中區宮前町）新築工事竣工したるにより來る廿五日より五日間開会することとなれり」と報道している。その日程は、第1日(25日)午前開会諮問案各校提案、午後諮問案熱田神宮参拝、第2日(26日)午前授業参観及批評会、午後共通案、鶴舞公園視察、第3日(27日)盲案及実験談午後共通案、第4日(28日)離宮拝観市内見学、第5日(29日)午前聾案及実験談、午後盲案共通案、閉会となっている。北海道や朝鮮からの参加もあり、参加者は55校90名であった。大正9(1920)年11月26日付の名古屋新聞によれば、この大会において盲啞教育令発布期成同盟会を設置している。さらに、盲啞教育会の発布を文部省に建議し、期成会を設立し毎年東京に於て議会開会中に大会を開き大いに気勢を挙ぐることとし実行委員は7名の銓衡委員を選定し実行方法を調査せしめたりという運動の方向性を明らかにしている。『東京盲学校六十年史』によれば、この運動がこれまでの盲啞教育大会を分離し、帝国盲教育会を組織して、『内外盲人教育』に代わって『帝国盲教育』の発刊につながっている。大正10(1921)年4月1日発行の『帝国盲教育』第1巻第1号には「帝国盲教育会の成立」、大正11(1922)年2月18日発行の同第1巻第4号には「盲啞教育令発布期成会報告」が載っている。大正11(1922)年10月30日発行の同第2巻は、当時の状況を「盲啞の不就学は約八割、盲啞教育の規定なき為め新設懸立盲啞学校は課程

制定上特に困惑す、十数年前より屡々建議したるに係はらず今日まで御発布なき為め盲唖者並に之に同情ある者の思想が昨今険悪となれり」と伝えている。

　盲学校及聾学校令での教育の目的は第一条に規定されている。それは「盲学校ハ盲人ニ聾唖学校ハ聾唖者ニ普通教育ヲ施シ其生活ニ須要ナル特殊ノ知識技能ヲ授クルヲ以テ目的トシ特ニ国民道徳ノ涵養ニカムベキモノトス」である。ここからは、生活に欠かせない知識と技能を培うといった、普通教育と職業教育が明確にされた。さらに、第二条では「北海道及府県ニ於テハ盲学校及聾唖学校ヲ設置スベシ」としている。

　公立私立盲学校及聾唖学校規定の第1条は「盲学校ノ修業年限ハ初等部6年、中等部4年ヲ常例トス」、第4条は「盲学校ノ中等部ヲ分チテ普通科、音楽科及鍼按科トシ」、第16条は「校地校舎、寄宿舎、体操場及校具ハ学校ノ規模に適応スルヲ要ス」とあり、それまでの盲・唖学校の大部分が私立であり、また、法令上の規程も小学校令や同施行規則の中にわずかにあっただけのものを独立の法令として制定したことになる。

　以上のような法改正によって、たとえば、学校数と児童・生徒数の大正13(1924)年から昭和19(1944)年までの推移をまとめたのが表4である。

　この表からは、児童・生徒数の増加がうかがえる。大正13(1924)年と昭和19(1944)年を比較すると、盲学校で約2倍、聾唖学校で約3.5倍になっている。また、私立学校から道府県立へ移管された数が多数になっている。大正13(1924)年から昭和21(1946)年までに、私立40校が府県立39校として生まれ変わっている。

　こうしたことより、盲学校や聾唖学校は小学校と中等学校と同等の法律的立場を得ることになり、従来の慈善学校的性格から、近代公教育学校への発展の礎石が築かれたのである。

画期的な法令が施行されたという評価はあるものの、その実施には多くの困難があった。たとえば、教員の需要・再教育・待遇の低さの問題や、盲学校と聾啞学校の児童・生徒の構成については前者では幼児教育がほとんど行われないのに対して、後者は口話法の普及とともに幼児教育の重要さが認識されていることなどである。さらに、就学率の低さについては、昭和11(1936)年の全国平均をみてみると、盲児が39％、聾啞児が46％の有様となっている。社会上の認識の低さがあったのである。道府県の設置義務については、附則に代用学校の制度、設置猶予期間7年が示されていた。附則による抜け道があったことと指摘できよう。

　こうした盲、聾啞教育界の全国的な転換期の中で、名古屋市盲啞学校での実践はどのように展開されたのであろうか。

　第一に、全国に先立ち実践されたのが口話法の普及である。特筆できるのは、大正13(1924)年7月に刊行された『聾啞国語教授法』である。これは、それまでの教職員一丸となって取り組まれた『音韻教授

表4　学校数、児童・生徒数の推移

	年次	学校数				児童・生徒数
		国立	公立	私立	計	
盲学校	1924（大正13）	1	21	50	72	2,933
	1929（昭和4）	1	35	37	73	4,083
	1934（昭和9）	1	43	34	78	4,830
	1939（昭和14）	1	51	26	78	5,458
	1944（昭和19）	1	55	19	75	5,956
聾啞学校	1924（大正13）	1	17	20	38	2,434
	1929（昭和4）	1	28	20	49	3,640
	1934（昭和9）	1	40	21	62	5,077
	1939（昭和14）	1	47	15	63	6,511
	1944（昭和19）	1	51	12	64	8,421

法』の発刊（大正 11(1922) 年）、口話法研究会や授業研究会での成果に基づいて、小学校児童発音教授の資料として作成されたものである。大正 10(1921) 年頃になって、口話教育の理論面と指導面が確立して、以後の聾教育界に多大な影響を与えたと同校の役割を評価できる。

　さらに、学校と家庭との協力を築くために、家庭復習用の初学年用聾唖読本も編集している。口話式教授の価値と方法を保護者に浸透させるために、『聾唖児を有てる父母へ』を編集発行して、家庭でできる聾児への読唇発音を教える方法を平易に記述して、啓発と宣伝に努力している。

　大正 14(1925) 年 1 月に、文部省後援のもとで、同校主催で聾口話法講習会を開催している。この講習会は口話法の準備と実際を研究討議する目的で実施されている。この会が開かれた際、橋村徳一（同校長）、川本宇之助（文部省普通学務局第四課調査係長、後の東京聾唖学校長）、西川吉之助（近江八幡の豪商で三女が聾児）が意気投合して、雑誌『口話式聾教育』を 2 月に創刊して、広く全国的に普及させることとなった。

　同年の 7 月には、そのほかに『聾教育口話法概論』を発行している。文部省主催による聾唖学校教員講習会が開かれ、橋村、川本、西川の 3 氏をはじめ、口話式教育の共鳴者によって日本聾口話普及会が結成され、設立趣旨と会則がはかられ、11 月に東京帝大工学部講堂で発会式を挙げた。『口話式聾教育』をその機関紙として引き継いで月刊誌として発行した。なお、普及会の会長には東大名誉教授医博の岡田和一郎、副会長には西川、幹事には橋村、川本が就任している。顧問には文相の岡田良平、貴族院議員侯爵の徳川義親、貴族院議員東大名誉教授伯爵の林博太郎、東大教授文博の吉田熊次のほか数十人の名があった。大正 14(1925) 年 9 月には岡田文部大臣が同校を視察している。

　昭和元 (1926) 年から、同校では普及会主催による聾口話教員養成講習会が開催され、講習期間が順次延長され 6 ケ月から 9 ケ月となり、

表5　橋村徳一の実践展開

時期	期間	特徴	重要事項
第1期	大正元(1912)年～大正3(1914)年	手話法時代	手話法の研究、本校聾教育の目的手段出発点到達点の誤れることを発見す
第2期	大正4(1915)年～大正5(1916)年	発音主義時代	発声法研究、口形図作製、職業教育研究、伊沢、遠藤、大谷諸氏の勧告と社会の嘲笑
第3期	大正6(1917)年～大正8(1919)年	手話法口話法混用時代	読唇及発音の研究、聾唖読本及会話教本の編纂、教授細目の改訂、教科の加除、教職員及当局社会の理解に努む
第4期	大正9(1920)年～大正11(1922)年	口話法研究時代	口話法の理論的並に実際的研究、教材教法の研究と結果の調査、競技会と課題、父兄講習会と学芸会、入学勧誘と入学試験、職員並に当局の援助と父兄の理解、全国盲唖教育大会、新築移転、日本聾唖協会、総会予備科高等科並に家具科の新設
第5期	大正12(1923)年～大正13(1924)年	口話法実施時代	研究会の開催、教育方針の確立、教材教具及教法の研究、音韻教授法の研究、口形図の調製、『聾唖児を持てる父母へ』『聾唖国語教授法』『聾唖読本』『同教師用』の編纂、口話法宣伝用掛図調製、教職員の協力一致と父兄の援助、学校令の実施

講習回数も 17 回まで継続された。その間、教室での口話指導法は改良が加えられ、そのたびに『口話式聾教育』に発表して、講習生に示範している。機関紙『口話式聾教育』はのちに『口話教育』と改称されるが、昭和 17(1942) 年までの発行が継続された。また、昭和元 (1926) 年には、『聾児会話教授法』が発刊されている。

昭和 2(1927) 年 10 月には、創立 15 周年記念式が挙行され、翌月には水野文部大臣が視察している。

昭和 6(1931) 年になると、普及会は財団法人の聾教育振興会への発展的改組をした。このころ欧米を視察した橋村校長は、顫賞訓練を主としたリズム指導、外国雑誌の翻訳による新しい見解や方法を紹介して、さらなる口話教育の発展に寄与している。当時研究に従事し、研鑽を重ねた多くの人々は、その後各地の指導者になっている。

なお、大正 13(1924) 年 11 月『愛知教育』第 443 号によれば、橋村自身が自らの実践の展開と特徴を表 5 のようにまとめている。

また、本書には大正元 (1912) 年の同校学則を掲げたが、大正 13(1924) 年 4 月の名古屋市立盲啞学校学則は『愛知県聾学校 25 年史』によれば愛普 43 号に掲げられている。長くなるが紹介しておく。

名古屋市立盲啞學校學則

　　第一章　目　　的

第一條　本校ハ盲學校及聾啞學校規程ニ依リ盲人並ニ聾啞者ニ普通教育ヲ施シ其ノ生活ニ須要ナル特殊ノ知識技能ヲ授ケ特ニ國民道徳ノ涵養ニカムルヲ以テ目的トス

　　第二章　學科　學科目及修業年限

第二條　本校ニ盲部・聾啞部ヲ置キ各部ニ初等部及中等部ヲ置ク

第三條　盲部初等部ノ學科目ハ修身・國語・算術・歴史・地理・理科・唱歌・手工直觀及體操トス其ノ課程及毎週教授時數ハ第一號表ニ依ル

第四條　盲部中等部ヲ分チテ豫科・普通科・音楽科・鍼灸按マッサージ科及乙種按摩科トス但シ普通科ハ當分之ヲ缺ク

　　豫科ノ學科目ハ修身・國語・算術・唱歌及體操トス其ノ課程及毎週教授時數ハ第二號表ニ依ル

　　普通科ノ學科目ハ修身・國語・算術・歷史・地理・理科・音樂及體操トス其ノ課程及毎週教授時數ハ第三號表ニ依ル

　　音樂科ノ學科目ハ修身・國語・英語・算術・歷史・地理・理科・樂典・音樂史・聲樂・箏・三絃及體操トシ英語ヲ隨意科トス其ノ課程及毎週教授時數ハ第四號表ニ依ル

　　鍼灸按マッサージ科ノ學科目ハ修身・國語・英語・數學・歷史・地理・理科・解剖生理・病理・診斷・衛生・鍼術・灸術・按摩術・マッサージ術・音樂及體操トシ英語ヲ隨意科トス其ノ課程及毎週教授時數ハ第五號表ニ依ル

　　乙種按摩科ノ學科目ハ修身・國語・算術・解剖・生理・病理・衛生・按摩術及體操トス其ノ課程及毎週教授時數ハ第六號表ニ依ル

第五條　聾啞部部初等部豫科ノ學科目ハ作法・國語・算術・圖畫・手工及遊戲トス其ノ課程及毎週教授時數ハ第七號表ニ依ル

　　聾啞部初等部ノ學科目ハ修身・國語・算術・歷史・地理・理材・圖畫・手工及體操トシ女子ノ爲ニ裁縫ヲ加フ其ノ課程及毎週教授時數ハ第八號表ニ依ル

第六條　聾啞部中等部ヲ分チテ普通科圖畫科・裁縫科及家具科トス

　　普通科ノ學科目ハ修身・國語・數學・歷史・地理・理科・圖畫及體操トシ女子ノ爲ニ家事及裁縫ヲ加フ其ノ課程及毎週教授時數ハ第九號表ニ依ル

　　圖畫科ノ學科目ハ修身・國語・算術・埋科・圖畫及體操トス其ノ課程及毎週教授時數ハ第十號表ニ依ル

　　裁縫科ノ學科目ハ修身・國語・算術・理科・裁縫・刺繡・圖畫・家事及體操トス其ノ課程及毎週教授時數ハ第十一號表ニ依ル

　　　　家具科ノ學科目ハ修身・國語・算術・理科・家具・圖畫・及體操
　　トス其ノ課程及毎週教授時數ハ第十二號表ニ依ル
第七條　修業年限ハ盲部ニ有リテハ初等部ハ六ケ年、中等部ハ豫科科
　　一ケ年、普通科四ケ年、音樂科六ケ年鍼灸按マッサージ科四ケ年、
　　乙種按摩科二ケ年、トシ聾啞部に在リテハ初等部豫科二ケ年、初等
　　部六ヶ年、中等部ハ各科五ケ年トス
　　　　第三章　學年・學期・始業時間及休業日
第八條　學年ハ四月一日ニ始マリ翌年三月三十一日ニ終ル
第九條　學年ヲ分チテ三學期トス第一學期ハ四月一日ヨリ八月三十一
　　日ニ至リ、第二學期ハ九月一日ヨリ十二月三十一日ニ至リ、第三學
　　期ハ翌年一月一日ヨリ三月三十一日ニ至ル
第十條　毎日ノ教授始業ノ時刻ハ左ノ如シ
　　　　自四月一日　至九月三十日　　　午前八時
　　　　自十月一日　至翌年三月三十一日　午前九時
第十一條　休業日ハ左ノ如シ
　　　一　祝大日祭日
　　　二　日曜日
　　　三　夏季休業日（自七月二十一日至八月三十一日）
　　　四　冬季休業日（自十二月二十五日至翌年一月七日）
　　　五　学年末休業日（自三月二十八日至四月三日）
　　　六　學校記念日
　　　七　熱田神宮祭日　東照宮祭日
第十二條　學校長ハ夏冬季休業ノ前後各十日以内ニ於テ毎日ノ授業時
　　數時ヲ減ズコトヲ得
　　　前項ニ依リ授業時數ヲ減ジタル時ハ各教科目ノ毎週教授時數ハ學
　　校長之ヲ定ム
　　　　第四章　入學・退學及賞罰
第十三條　生徒ノ入學ハ毎學年ノ始メトス但シ鍼灸按マッサージ科及
　　乙種按摩科以外ノ学科ニ欠員缺員アルトキハ臨時入學ヲ許スコトア

ルベシ
第十四條　生徒ノ定員ハ盲、聾唖兩部ヲ通ジテ三百名トス
第十五條　盲部初等部ニ入學シ得ベキ者ハ年齢六年以上ニシテ心身ノ強建聽覚ノ完全ナル者トシ中等部ノ豫科ニ入學シ得ベキ者ハ年齢凡十二年以上ノ中途失明者ニシテ尋常小學校ノ課程ヲ終リタル者又ハ之ニ準ズベキ者トシ中等部ノ普通科・音樂科・鍼灸按マッサージ科及乙種按摩科ニ入學シ得ベキ者ハ初等部又ハ中等部豫科ヲ終リタルモノ若クハ之ニ準ズベキ者トス但シ音樂科及乙種按摩科ニアリテハ初等部第四學年ノ課程ヲ終リタル者若ハ之ニ準ズベキ者又ハ年齢凡十四年以上ニシテ點字ヲ讀ミ得ル者ヲ入學セシムルコトアルベシ

　聾唖部初等部ノ豫科没科ニ入學シ得ベキ者ハ年齢六年以上ニシテ心身ノ強建聽覚ノ完全ナル者トシ初等部ニ入學シ得ベキ者ハ音器及視器ノ完全ニシテ初等部ノ豫科ヲ終リタル者又ハ之ニ準ズベキ者トシ中等部ニ入學シ得ベキ者ハ初等部ヲ終リタル者又ハ之ニ準ズベキ者トス

第十六條　入學志願者ニシテ相當年齢ニ達シ相當ノ學力アリト認メタル者ハ第二學年以上ニ入學ヲ許シ又一學年ノ課程ヲ終了セサルモ其學年ヲ進ムルコトヲ得但シ鍼灸按マッサージ科及乙種按摩科ニアリテハ左ノ例ニ依ルモノトス
　一　鍼灸按マッサージ科第一學年ノ課程ヲ修了シタルモノハ乙種按摩科第二學年ニ編入スルコトヲ得
　二　乙種按科第一學年ノ課程ヲ修了シタル者ハ試驗ノ上鍼灸按マッサージ科第二學年ニ編入スルコトヲ得
　三　乙種按摩科ヲ卒業シタル者及内務省令ニ依ル按摩術試驗ニ合格シタルモノハ試驗ノ上鍼灸按マッサージ科第三學年ニ編入スルコトヲ得

第十七條　入學志願者ハ左式ノ願書及戸籍謄本ヲ差出スベシ但乙種按摩科入學志願者ハ醫師ノ視力證明書ヲ添附スベシ

（書式省略）
第十八條　入學ノ許可ヲ受ケタル者ハ十日以内ニ左式ノ在學證書ヲ差出スベシ但シ保證人ハ名古屋市若クハ其附近ニ居住シ丁年以上ニシテ一家計ヲ立ツル者タルベシ
　　　（書式省略）
第十九條　保證人變更若クハ轉居改名シタルトキハ十日以内ニ學校長ニ届ケ出ヅベシ
第二十條　生徒ハ病氣又ハ已ムヲ得ザル事故アリテ遲刻若クハ缺席セントスルトキハ其事由ヲ記シ若シ病氣缺席一週間以上ニ亘ルトキハ醫師ノ診斷書ヲ添ヘ其旨學校長ニ届ケ出ヅベシ
第二十一條　學校長ハ年齡十四年以上ノ生徒ニシテ成業ノ見込ナシト認メタルトキハ退學ヲ命ジ又事由ナクシテ缺席六十日以上ニ及ビタル者ハ除名スルコトヲ得
第二十二條　在學者ニシテ退學セントスルトキハ其保護者ヨリ事由ヲ具シテ學校長ニ願出ツベシ但就學義務期間中ノ者ハ退學シ得ベキ限リニアラズ
第二十三條　操行方正ニシテ學業優等ナル者ニハ賞狀又ハ賞品ヲ授與シ尚學資ヲ補給スルコトアルベシ
第二十四條　學校ノ規則及命令ニ違背シ又ハ生徒タルノ體面ヲ汚ス者ハ其ノ輕重ニ從ヒテ戒飾謹愼停學及放校處分ヲナスコトアルベシ
　　　第五章　進級・卒業
第二十五條　初等部ニ於テハ平素ノ學業並ニ操行ヲ考査シテ適當ト認メタル者ニハ學年末ニ於テ進級又ハ卒業セシムベシ
第二十六條　中等部ニ於テハ學期試驗及學年試驗ヲ行ヒ其成績ト平素ノ成績及操行トヲ參酌シテ平均六十點以上得點ノ者ヲ進級又ハ卒業セシムベシ
　　成績ヲ制定スルニハ評點ヲ用ヒ各学科一百點ヲ以テ最高點トス
　　第三學期試驗ヲ以テ學年試驗ニ代フルコトアルベシ

中等部鍼灸按マッサージ科及乙種按摩科ニアリテハ所定教授時數ノ三分ノ二以上出席スルニアラザレバ進級又ハ卒業セシメザルベシ
　鍼灸按マッサージ科ノ第二學年ノ課程ヲ修了シタル者ニハ一學期補習ノ上乙種按摩科ノ卒業證書ヲ授與スルコトヲ得
第二十七條　初等部又ハ中等部ノ卒業者ニハ左式ノ卒業證書ヲ授與ス但シ像科卒業者ニハ之ヲ授與セズ

卒　業　證　書
族　　稱
氏　　　　名
年　　月　　　日生

[校印]

右者本校何部何科何箇年ノ課程ヲ卒業セリ仍テ
之ヲ證ス
　年　　月　　日
　　　　名古屋市立盲啞學校長　氏　　　名　[印]
　　　番　　號

[割印]

第六章　授業料及入學料
第二十八條　授業料ハ毎月金壹圓ヲ徴収ス但シ初等部・豫科・初等部・中等部豫科・乙種按摩科及全月休業シタル者ハ之ヲ徴収セズ
第二十九條　貧窮ノ爲メ授業料ヲ納ムルコト能ハザル者ニ對シハ授業料ノ全部又ハ半額ヲ免除シ尚学用品費通學費等ヲ補給スルコトアルベシ
第三十條　授業料ハ豫メ指定シタル日ニ於テ之ヲ納附スベシ但シ納附後ハ之ヲ返附スルコトナシ
　　第七章　研究科、選科及別科
第三十一條　中等部ヲ卒業シタル者又ハ之ニ準ズベキ者ニシテ更ニ進ンデ或學科目ヲ研究セント欲スル者ハ二ケ年以内研究科生トシテ在學セシムルコトアルベシ其學科課程及毎週教授時數ハ學校長之ヲ定ム

中等部中ノ或學科目ノミヲ學習セントスル者ハ選科生トシテ入學
　ヲ許可スルコトアルベシ
第十五條ノ入學資格ナキ者ト雖モ別科生トシテ入學ヲ許可スルコトア
　ルベシ
　　　研究科、選科及別科生ニ封シテハ特ニ規定セル者ノ外本校ノ規則
　ヲ準用ス
　　　研究科、選科及別科ヲ卒ヘタル者ニハ左式ノ修了證書ヲ授與ス

　　　　　　　修　了　證　書
　┌──────┐
　│　校　印　│　　　　　族　　稱
　└──────┘　　　　　　　氏　　　　名
　　　　　　　　　　　　　　　　　年　　月　　日生
　　　右者本校何部別（研究・選）科ノ課程ヲ修了
　　セシコトヲ證ス
┌──────┐　年　　月　　日
│　割　印　│
└──────┘　　　名古屋市立盲啞學校長　氏　　名　┌──┐
　　　　　　　番　　號　　　　　　　　　　　　　　│印│
　　　　　　　　　　　　　　　　　　　　　　　　　└──┘
　　　第八章　寄宿舎
第三十二條　寄宿舎ニ入ラントスル者ハ正副保證人連署ヲ以テ願ヒ出
　ヅベシ
第三十三條　寄宿生ハ所要ノ經費ヲ負擔スベシ但シ貧困者ニハ食費被
　服費等ヲ補給スルコトアルベシ
第三十四條　已ムヲ得ザル事故ニ依リ退舎セント欲スル者ハ正副保證
　人連署ヲ以テ願ヒ出ヅベシ
　　　第九章　附則
第三十五條　本則施行上必要ナル細則ハ學校長之ヲ定ム
第三十六条　本則ハ大正十三年四月一日ヨリ之ヲ施行ス
第三十七條　心身強健ニシテ音器及視器ノ完全ナル年齢凡十歳以下ノ
　聾啞者ニ對シテハ口話式教育法ヲ採用スルモノトス

この特徴は初等部と中等部を明確に分け、それぞれについての諸規定を定めているところにある。よって、大正13(1924)年の学則は、大正年間の同校の伝統的教育を継承しつつ、盲学校及聾啞学校令に即応して新しく編制されたものであると評価できる。

　ところで、県立移管と盲聾分離の大きな理由は、昭和6(1931)年4月に盲学校及聾啞学校令による府県設置代用校の期限が切れること、口話教育を受けようとする入学希望者が増したことである。同年の秋に、県移管・盲聾分離の請願運動が起こっているが、この間の情勢は、名古屋市立盲啞学校県立移管盲聾分離期成同盟会による運動の日記、同盟会規約、宣言、決議、依頼状、陳情嘆願書などがある。愛知県では名古屋に市立の、岡崎と豊橋にそれぞれ私立の盲啞学校があったが、県立の盲啞学校ができたのは昭和7(1932)年4月の名古屋市立盲啞学校県立移管からである。なお、岡崎と豊橋両校は私立のままで、豊橋校は終戦近くまで、岡崎校は戦後まで残った。よって愛知県盲啞学校という名称が使用されたのはわずか1年間であった。

　昭和8(1933)年4月、愛知県立名古屋盲啞学校は、盲聾分離して、それぞれ愛知県盲学校、愛知県聾学校になっている。橋村校長は、昭和8(1933)年8月31日まで両校の校長を兼任している。愛知県聾学校は名古屋市東区振甫に新校舎を竣工して、補聴器実験研究会を開催している。愛知県盲学校も東区振甫聾学校敷地で地鎮祭を挙行している。

　大正12(1923)年の盲学校及聾学校令には、就学義務制の規定が含まれなかった。そのため、前述したように就学率は低く、帝国盲教育会や日本聾啞教育会などの団体は、それぞれの機関紙『帝国盲教育』『聾啞教育』によって会員に呼びかけるとともに、対外的にも就学義務制の必要性を訴え続けた。昭和12(1937)年、教育審議会が設置され、「我ガ国教育ノ内容オヨビ制度ノ刷新振興ニ関シ、実施スベキ方策」についての諮問がなされた。翌年、教育審議会は『国民学校ニ関スル要綱』の中で、「精

神又ハ身体ノ故障アル児童ニハ特別ノ教育施設ナラビニ之ガ財政方法ヲ講ズルヤウ考慮シ特ニ盲聾唖教育ハ国民学校ニ準ジスミヤカニコレヲ義務教育トスルコト」と、盲聾唖児の就学義務制を答申している。しかしこれは結実せず、就学義務の制度は第二次大戦の後まで、ついに具現化することがなかった。こうした中で、昭和12(1937)年にヘレン・ケラー女史が第一回の来日をして、5月6日には同校を訪問したり、名古屋市公会堂で歓迎会が催されたりしている。

第5節　愛知県児童研究所での事業

　愛知学園の明治期の感化教育の取り組みについては先に取り上げたが、ここでは大正末期に展開された活動をまとめてみる。吉田久一の『社会事業の歴史』(昭和39(1964)年)によれば、大正末期の時代の特徴として、「児童保護の処遇や研究・相談、あるいは連絡事業がさかんになった。東京府児童研究所をはじめとする研究所や相談所の設立、少年院・矯正院における鑑別―診断―治療・・・児童保護委員制である。不良児・浮浪児・教養放棄児・不就学児等々の要保護児童の調査や保護、あるいは一般的調査を行って保護施設の基準にしようとした」と指摘している。ここからは、資本主義危機下の社会事業の対象児が増加し、近代社会が動揺し始め社会問題が質量ともに大きく変わっている時期ととらえることができよう。児童問題が単に個人の理由から起因しているのではなく、社会構造の中から生じるという見方に変化しており、それまでの慈善救済事業の段階から、新たな制度体系、専門的・科学的な実践への展開が起こっている。大正末期に愛知県でも児童保護委員制度が計画されたり、愛知県児童研究所や愛知児童鑑別所が設置されたりしたのはこうした時代の要請からであった。

　大正12(1923)年の盲学校及聾学校令の公布とともに、大正11(1922)年には矯正院法が制定される。この矯正院法の制定にともなって従来の感化法も改正され、感化院に入院させる少年は満8歳以上14歳未満に改められた。盲聾教育とあわせて、感化教育といった特殊教育への関心がようやく広がり始めたのである。

　大正14(1925)年になると、愛知学園の敷地内に愛知県児童研究所と愛知学園児童鑑別所が併設される。名古屋市千種区田代町覚王山日暹寺境内へ宮内省から土地の払い下げを受け移転し、定員も60名となって

いる。所長は昭和 2(1927) 年からは丸山良二が、昭和 3(1928) 年からは石川七五三二がなっている。愛知学園の入園にあたっては、愛知県児童研究所や愛知学園児童鑑別所に調書を提出するという手続上のつながりがあった。

愛知県児童研究所の設立趣意は、愛知県社会課『愛知県社会事業年報』(昭和 14(1939) 年) によれば「広く児童の精神身体並に環境に関し学術的の調査研究を行ひ児童保護に関する知識の普及を図ると共に必要なる保護施設を為し、一般並に個々の児童の福利を増進せしむる目的を以て」となっている。ここでは、単に要保護児童の調査や鑑別に終始するだけでなく、一般児童の研究の中で役割を果たしていたと理解すべきであろう。

同研究所の事業は、①児童ニ関スル学術的ノ調査研究―心理学的調査研究、医学的調査研究、社会的調査研究、②児童保護ニ関スル知識ノ普及―児童保護専門家ノ養成、一般ニ児童保護ニ関スル知識ノ普及、③児童保護事業ノ実施―児童相談事業、林間・臨海学校、児童保養所、低能児劣等児ニ対スル教養保護施設、優秀児ニ対スル教養保護施設という 3 つの柱から成っている。

大正 14(1925) 年 11 月 4 日付の『愛知県公報』第 1058 号には、上記①②③の業務、所長、主事、技師、書記の職員配置の規程が載っている。

『愛知県社会事業年報』(大正 14(1925) 年～昭和 5(1930) 年) と『愛知県児童研究所紀要』(昭和元 (1926) 年～昭和 6(1931) 年) によれば、精神薄弱問題に関わる特徴的事項を次のように整理することができる。先述の①の事業では知能検査法の標準化が昭和 3(1928) 年を中心にして実施されており、不良児に始まり聾児や低能児・精神薄弱児の調査をかなり行ってきている。③の事業では表 6 のように各種の相談内容がある中で「智識ニ関スル相談」が相当数あることが特筆できる。

さらに、『愛知県児童研究所紀要』所収の論文の中には、所長を務め

表6 愛知県児童研究所の相談内容

相談内容	1925年	1926年	1927年	1928年	1929年	1930年
学校選択ニ関スル相談	6人	23人	50人	44人	54人	46人
職業選択ニ関スル相談	348	21	11			
教育ニ関スル相談	1628	3308	907	579		
母性及妊産婦相談		23				
健康ニ関スル相談		195	556	781	511	1015
智能ニ関スル相談		23	105	991		
不良児ノ精神鑑別		17	43	36	50	37
教養相談				498	185	178

た丸山や石川の知能の測定についての研究のほかに、貧困児の個別調査や長期欠席児童調査、不良児や精神薄弱児の環境条件に関する研究がみられる。同紀要の雑録彙報欄には愛知県児童研究所沿革が掲載されており、ここからは、名古屋市だけでなく愛知県下の各市郡において講習会を開催していること、児童保護叢書を初め多くの刊行物を出版し、児童保護活動に取り組んでいたことを知ることができる。また、同紀要の障害児関係の記述については、①心理学見地からの記述が多い。②小学校を調査対象としていたことから、低能児の個に応じた指導体制の確立に触れている。③愛知学園とのつながりから非行との関連を述べている。④名古屋市内のスラム街での長欠児との関連を取り上げている。⑤知的障害の原因を単に生来的にみるのではなく、環境条件からとらえている。⑥障害の種類については、知的障害のほかに聴覚障害、視覚障害への論述もみられるといった特徴が整理できる。

ところで、『愛知学園児童鑑別所彙報第一回』(大正14(1925)年)によれば、愛知学園の入園児について、「本質上異る点は犯罪又は不良行

為の有無であるけれども・・・(中略)・・・この他教育上見逃すことの出来ない諸点に一般に智能の低劣である、・・・家庭の資産並に社会的地位が著しく低き」となっている。大正14(1925)年の入園児の27.5％が久保良英式の知能検査結果による「低能児者」であると報告されている。

　また、昭和6(1931)年に出された『感化教育の栞』には「愛知学園教育施設一班」という学園の組織図が収められている。その中には「生徒中智能の最も低劣なるものを以て一個の特別学級を編成し」と規定した一ノ組が存在していたのである。こうした精神薄弱児への特別学級が設置された理由は、「素質に応ずる個人的教養を徹底せしめる為めと、医学上の治療と研究に便利ならしめんが為め」であった。

　大正14(1925)年頃の設立背景として、児童保護思想の台頭につれて精神薄弱児への医学的及び心理学的研究が進み、知能検査法が作成されていることがある。加えて、文部省においては低能児教育調査委員会が設置されたり、民間の精神薄弱児施設が数は少ないものの大都市に開設されたりといったことがある。また、不良児への教育的対応が愛知学園にも期待され、感化院が好むと好まざるとにかかわらず、現実には精神薄弱児の感化院への混入があり、その対応に迫られていたと理解することができる。精神薄弱児への教育としては消極的ではあったものの、感化教育は精神薄弱児も含んで刑事政策的治安維持機能を果たしていた反面、結果的には精神薄弱児教育の代替的機能も有していたと評価できる。

　その後戦前においては、昭和9(1934)年10月にそれまでの感化法に代わって少年教護法が実施された。この少年教護法の施行に伴い愛知学園の大増築が昭和10(1935)年になされ、定員150名になっている。なお、従来の児童鑑別所が愛知県少年鑑別所と改称されることになった。

第6節　八事少年寮での精神薄弱児対応

　盲聾教育の進展に比較すれば、精神薄弱教育の発展は遅れてはいたものの、明治の終わりころから次第に異常児の研究や教育が進み始める。その試みとして、精神医学者がドイツの教育病理学もしくは治療教育学に則して啓蒙をしたことがあげられる。八事少年寮の施設長であった杉田直樹もその一人であって、富士川游・三宅鑛一・榊保三郎・笠原道夫・三田谷啓らとともにこの道で貢献している。

　わが国における精神薄弱への対応には、教育と福祉の2つの潮流があるが、後者の精神薄弱者施設においては、戦前において設立された施設は、表7のように全国には22施設存在したと指摘される。施設対象となるのは、学校教育から除外された障害のより重い精神薄弱児、あるいは非行を伴う精神薄弱児などであった。数少ない施設の中でドイツの治療教育学の方法やセガンの生理学的方法などを取り入れた懸命な努力であった。

　さて、名古屋市には唯一、杉田直樹を施設長とする八事少年寮の名を見つけることができる。杉田は、たとえば昭和23(1948)年に開設された名古屋市立旭白壁小学校の福祉教室（桑原博担任）の開設にかかわったり、昭和29(1954)年に名古屋市立八事小学校及び名古屋市立川名中学校の分教場を「障害児学級」として寮内に付設したりしている。後に名古屋市立菊井中学校（川崎昂担任）や名古屋市立幅下小学校（斎藤キク担任）の「障害児学級」が開設されるが、これらの先駆的な実践とともに八事少年寮の付設学級は、名古屋市の障害児教育の指導的役割をもっていた。まさしく、今日の名古屋市の「知的障害児」教育の源流がここにあったと明記できよう。

　ところで、八事少年寮は、名古屋帝国大学医学部精神病学講座教授の

杉田を理事長として当時の篤志家や行政の協力を得て、財団法人九仁會よって、昭和12(1937)年に当時の名古屋市中区川名山町百四十九番地に開設された。

昭和12(1937)年8月5日付で、名古屋市少年審判所長篠崎正が司法大臣官房保護課長森山武市郎に提出した『八事少年寮ニ関スル件報告』

表7　戦前の精神薄弱者施設

	施設名	創立年	創設者（指導者）
1	孤女学院	1891	石井亮一
2	白川学園	1909	脇田良吉
3	日本心育園	1911	川田貞治郎
4	桃花塾	1916	岩崎佐一
5	藤倉学園	1919	川田貞治郎
6	大阪市立児童相談所附属学園	1920	土屋浜次
7	筑波学園	1923	岡野豊四郎
8	島村学園	1925	島村保穂
9	三田谷治療教育院	1927	三田谷啓
10	八幡学園	1928	久保寺保久
11	小金井学園	1930	児玉昌
12	白王学園	1930	荒木善次
13	広島教育治療学園	1931	田中正雄
14	江北農園	1933	笠井福松
15	浅草寺カルナ学園	1933	林蘇東
16	八事少年寮	1937	杉田直樹
17	醍醐和光寮	1938	（京都市）
18	愛育研究所特別保育室	1938	三木安正
19	長浦更生農場	1943	（東京府）
20	提塾	1943	
21	厚生塾	1943	喜田正春
22	愛泉会	1944	前田育子

によれば、名称は九仁會附属八事少年寮、昭和12(1937)年3月10日に愛知県認可、事業の種類及び範囲は「精神異常、性格異常、神経病等ヲ有スル少年及ビ児童ノ治療教育ヲナスモノニシテ犯罪性傾向者ノ矯治ヲ主ナル目的トシ、官庁ヨリ委託ヲ受ケ又ハ一般家庭ヨリ依頼ヲ受ケ、名古屋医科大学神経精神病科教室ト連絡シテ医療ヲ施シ一方経験アル訓導保母ニヨリ特殊教育を行フ」となっている。寮内に居を構えた杉田、近所に転居し師を助けた門下生の岸本鎌一、堀要などが中心的指導者であった。収容力は約20名である。敷地は882坪で、建物は木造スレート葺平屋1棟51坪五合には寮長室、医務室、教務室、事務室、図書室、研究室、待合室、集合室があって、同スレート葺平屋1棟30坪には少年収容室、教務主任室があって、同スレート葺平屋1棟31坪5合には賄室、看護人室、浴室、便所があった。加えて、園庭は児童遊技場とし雨天遊技場を設くとある。

　この九仁會では、施設に少しでも公共性をもたせるために理事・顧問には県下の学術界・政界・財界人が就いた。副理事には児玉昌が就き、三宅鑛一や三田谷啓等の賛助会員もいた。顧問には愛知県知事の田中廣太郎、名古屋市長の大岩勇夫、松坂屋の伊藤次郎左衛門など地元各界の第一人者がなっている。九仁會の名は、名古屋医科大学長、愛知県衛生課長、愛知県社会課長、愛知県立愛知学園長、愛知県立精神病院長、瀬戸少年院長、名古屋少年審判所長、名古屋市社会部長、愛知県方面委員連合会長の9人が理事に委嘱されたことが由来である。こうした著名人で組織できたことは、杉田のこの事業に対する相当な熱意とともに杉田の人格と社会的名声に負うところが大であった。この会結成に際しては、当時国及び県からの補助金は微々たるもので、当初から財政難を解決するという大きな課題があった。実際の会の運営にあたる幹事には杉田の門弟にあたる大学の医局員であった岸本鎌一、堀要、南知多病院長の田中義邦など、杉田の信頼の厚い人々が数名選任されている。

九仁會という名は、9つの仁を施すという意味であり、スローガンであって、次の教えを意味している。

①悩める人の貧苦を救い
②いたづく人の病いを癒し
③運拙き人の不幸を除き
④世に背く人の不幸を和げ
⑤悲しむ人の憂を慰め
⑥正しき人に喜びを与え
⑦弱き人に力を添え
⑧愚なる人に知らざる所を教え
⑨迷える人を光明に導く

この9つの教えからして、当時の障害児観の一端を知ることができよう。

青山大作の『名古屋市の社会福祉─終戦時を中心として─』によれば、最初は、昭徳会本部のある駒方町から東北の方向に向かって300メートルほど行ったところに川名山町という丘陵地があり、病院跡地で精神薄弱児と非行少年を保護育成に努めていたのであるが、その後寮舎を新築移転し昭和24(1949)年8月に鈴木修学を理事長とする財団法人昭徳会がこの事業を継承するようになった。

さて、八事少年寮開設とほぼ同時期に、杉田は「子供ノ問題一切ノ医学的ノ相談ニ応ジ、必要ナ忠告ト治療ヘノ指示ヲ保護者ニ与ヘルコト」を目的として、名古屋医科大学付属病院内に児童治療教育相談所を設置している。ここでは、精神薄弱児を含む児童問題への対応に意欲的に取り組んでおり、杉田の門下生の堀要や水野弘が相談員を務めていた。同相談所においては相談活動はなされたが、具体的な治療教育を施す場ではなかった。

さらに、杉田が、恩師の呉秀三の後継者として欧米留学によって体得

した社会精神病学研究の第一人者であったこと、また後年ではあるが、昭和22(1947)年の細民地区の児童調査や昭和23(1948)年の全国感化院の入所児童調査を行い、特殊児童の精神的・身体的状況や家庭環境などについての実態把握から、家庭や学校・社会事業施設の教職員らへの障害児病理や治療教育に関する啓蒙活動に取り組んでいたことが施設の展開発展の要因としてあげられる。換言すれば、杉田は「低能児（知的障害児）」への接近の方法論としての治療教育学の理論を実践するための施設として、加えて、社会的要請もあって八事少年寮を開設したと評価できよう。

　開設頃の論文には、「今迄は単に理論的に論究しただけのものに止まっていたのであったが、私は昨年以来ささやかな私財を投じて異常児童少年の収容所を私設し」と元八事精神病院の建物を購入改造するという意気ごみをみせている。たまたま杉田の学問上の友で、名古屋市昭和区川名山町の八事精神病院院長の杉山亮が病没し、その未亡人が病院の土地・建物の処分につき杉田に相談に来たのを機に開設の運びとなったのである。八事少年寮開設の挨拶の中で、「天のものは天にかえせという。私は教授として俸給をもらっているほかに異常児のことを書いたりしゃべったりして余分のお礼をもらってきた。これは異常児におかえしすべきであろう」と述べている。ここには杉田の徳の高さが表れていると評価できよう。

　この開設時の対象児をみると、はじめは性格異常の強い反社会的児童（昭和10(1935)年前後、脳炎の後遺症として性格異常児が多く出た）の治療教育を行っていた。「実際に衝動性性格異常の児童が、少年教護院で処遇が断られ、少年審判所へ移されても保護の対象とされなかったケースを診断した」ように、行政の谷間に置かれた障害児問題解決への着手であり、児童精神病学の樹立を意図したものであった。

　同様の施設の必要性についての考えが九仁會設立趣意書からもうかが

える。それは、「しかし斯う云う不幸な少年の中、大部分は教育の欠陥や環境の不良や特に家庭環境の不完全に其の原因を帰せられるのでありますが、又一方医学的に診査して見ますと、其の心身発育の不十分及至神経病・精神病などの為めに反社会的行動に出づるやうな病的の者も実際少なくないのであります」「斯う云う神経病や性格の病的異常などを有する犯罪児童少年は専門医学的の治療教育の方法を施しますと治療改善に赴くものも亦決して乏しくないという事実は、学者実際家の従来認めているところでありますけれど、遺憾なことには今迄そう云う治療教育を実施する設備が我が国には殆どなく、少年鑑別所や少年審判所で診査して医学的治療教育処置を要すると判定せられました児童少年でも、収容施設のない為めに已むなく放置せられてをるという例が実は相当多数に上ってをるので」ある。

　当初は、主として県内の学齢前の幼児2～3名を含む18歳までの精神薄弱児および非行児を含む行動問題児を対象としていた。職員としては、杉田が自ら寮舎の一室に住み、障害児と起居をともにした。前記岸本や堀が医学的治療面で全面的協力をする一方、教育主任として兵庫県教護院教頭であった射場新吉を迎え、射場夫人が主任保母として障害児の養護面を担当した。その他に保母数名と炊事婦が常時勤務していた。

　昭和14(1939)年の杉田の論文から、治療教育の方針と実際方法を列挙してみると次のようになる。

　方針は、
　　（其一）医学的診断を適確にし、其の智能、性能、気質、性格
　　　　　の異常特徴を明細に記録し、其の改善又は変化の跡を追究
　　　　　する上の参考資料とする
　　（其二）寮内に於ける日常生活は家族的生活を主眼とし、一同
　　　　　に家事其他を分担せしめ、共同生活、共同作業に早く慣れ
　　　　　且適応するように仕向ける。・・・（中略）・・・学科は学

　　　　力に応じて数人ずつ集めて補習せしめ、主として実用的の
　　　　知識のみを課程を設けて授けている。要は集団的社会生活
　　　　の適応性を体得せしめるに至る
　（其三）強制的の労働や作業は少しも課さない。学科等の時間
　　　　以外は各自勝手の集群を作って遊ばせておく。・・・（中
　　　　略）・・・非社交的傾向ある少年をなるべく多勢で遊ばせ
　　　　ておくという点は、通例の保護団体のやり口と異なり、精
　　　　神病的少年児童の社交性を養う目的上最も必要だと思う
　（其四）医療は根本的のものとして先天黴毒あるもの（意外に
　　　　多い）には駆黴療法を励行し（相当多くの費用を要する）
　　　　発育遅滞あるものには身心の成長を促進し（主として燐酸
　　　　剤カルシウム剤、ヴィタミン剤を与え）体質的虚弱、栄養
　　　　不良あるものには栄養強壮剤を連用せしめる
としている。
　実際方法は、
　　①養護－十分多量の食事、娯楽、慰安、友好、身体の精密検査、
　　　　不眠を除く、温浴、神経鎮痛剤。
　　②教導－決して威圧的命令又は強制的であってはならない。
　　③叱責－反省を促すのを目的とする。
　　④模範－教師自ら実行できないような行為や技術を修得させ
　　　　ない。
　　⑤実務－日常の礼儀、挨拶、食事の方法、着衣の着こなし、
　　　　衣類持物その他の整理、自室の掃除整頓等の生活指導。
　　⑥協力－社交性を与えるために集団的家族的共同生活をさせ
　　　　る。
　　⑦訓練－音楽、書道、絵画、手芸裁縫の技術を覚えさせる。
　　⑧運動－身心活動性をうまく利用して自然発育をはかる。

⑨治療－癲癇発作、衝動発作（興奮爆発）、麻痺、痙縮その他脳の器質的障害に基く症状に対しては毎日投薬を行う。
⑩発育促進－医薬による心身発育促進の他、栄養（十分な食物給与）、体操学習。
⑪自律－社交性の訓練を図るとともに、一方で自分の事は自分でするという自律的精神を養わせる

としている。

　これらの治療教育の実際方法は、方針を具現化したものであり、今日的にいえば医療的ケアをベースにして、生活と教科と養護の指導を行った方法論と評価できよう。

　先述した『八事少年寮ニ関スル件報告』によれば、保護監督等治療教育上の主義方針は、

　　先ズ医療ニヨリ少年児童ノ病的症状ヲ除キ中枢神経系並ビニ全身機能ノ発育ヲ促シ、其ノ精神発育程度ヲ測定シテ之ニ応ズル特殊教育ヲ施ス　特ニ性格上ノ異常ヲ除キ社会適応性ヲ得シムルコトヲ第一トシ、社会及家庭生活ニ於ケル良キ習性ヲ与フルヲ以テ目的トス

としている。教養實行方法は

（イ）治療　薬剤ノ連用、特殊運動並ニ感覚ノ練習、畸形ニ対スル手術一般健康　特ニ栄養増進ニヨリ主トシテ中枢神経系ノ発育ヲ正常ナラシム　遊技、運動、冷浴、完全ナル睡眠ヲ与フルコト等ニヨリ体力増強ヲ図ル

（ロ）学科教育其ノ現在ノ精神状態、知能能力等ヲ測定シ之ニ適合スル特殊教育法ニヨリ其ノ神経精神ノ機能ノ発育ヲ促進セシム収容者ハ凡テ精神異常者ナレバ義務教育ハ在寮中免除セシム

（ハ）職業教育　其ノ神経系発達ニ適応スル手工、図画、音楽、

遊技等ノ技能ヲ授クルモ特ニ生産的職業的技能ノ附与ハ不
　　　可能ナリ　若シ可能ナルモノアラバ花卉栽培、農耕、手芸
　　　等ヲ教フ
　（二）精神教育　宗教等ニ偏セズ主トシテ社会生活ニ適応スベ
　　　キ社交的性格ヲ養ヒ共同生活ヲ楽シミ個性ノ特徴ヲ発揮セ
　　　シム

としている。
　岸本・堀は医学的治療に情熱を傾け、射場は躾、生活指導、学習指導を担当した。学習指導については、子どもの能力に応じて読み、書き、数量などの学習を課していたが、障害の重い子どもには生活指導が中心であった。なお、杉田はレクリエーション療法と称して体育的学習を重要視していた。岸本は毎朝大学の医局に出勤前、八事少年寮に立ち寄り、射場とともに細かい打ち合わせをした。また、月に２回杉田を中心に、岸本・堀・射場によってケーススタディがなされた。さらに、直観教育の重視が一貫してなされ、実物の直観から言語的説明に及ぶといった教育が取られ、経験を通じての学習が重んぜられていた。
　こうした考えは、杉田の九仁會の事業のひとつであった八事少年寮とこれに付属する神経病専門の診察機関及び治療教育学の研究機関を開設して、社会事業中のひとつの欠陥であった異常児童の合理的な治療教育の実施に乗り出す構想の試みであったと理解できる。換言すれば、精神薄弱児や行動問題児に対して、医学的治療（投薬・心理療法等）と教育的トレーニングを有機的に関連づけて実施するというものであった。
　それでは、八事少年寮開設以後の杉田の治療教育思想を総括してみる。
　治療教育学の定義をめぐっては、開設以前に比べ、異常児の特徴や原因を明らかにしようとする点では共通しているが、治療教育方法を創造し、実際に応用していくことを目的とする学問であることが力説されるようになってくる。

治療教育学的分類をめぐっては、「精神薄弱児」という用語を使用するようになってくる。昭和 10(1935) 年の『治療教育学』（叢文閣発行）では「精神薄弱児」を 7 種に分けている。そこでは、「単に智能のみに観点をおかず精神作用全般に亘り其の発育上の障害を有し、特に其の発育の正常に比して著しく遅滞せるもの」と定義している。さらに、「大脳の機能に属すると認められる叡智作用の能力、即ち連合、推理、記憶、判断等の心理的要素作用を基本として成り立つてゐる学習の能力全般を指」「実用上では特に計算能力・抽象（概念構成）能力・精神作業（思惟・工夫）能力などを総括」として知能をおさえるようになってくる。つまり、「精神薄弱」という用語を使用するにつれ、知能をいくつかの能力の面からとらえ用いるようになったのである。

　治療教育学的病理をめぐっては、病理解剖学所見と身体発育との関係を明らかにしようとしたところに第一の特徴がある。第二の特徴は「低能児、性格異常児神経質児童等が凡て医学的に其の素質の上のみから解決せらるべきものではなく、児童環境学により児童をとりまく家庭、学校、街路、交友の方面からの影響も亦深い洞察を以つて考えられなければならない」として、社会が因果関係となって病理現象をひきおこすといった新たな観点を述べている。

　以上、八事少年寮は、戦前の治療教育を展開した施設での実践ではあるものの、その後の名古屋市における「障害児教育」実践に継承されていったという経緯を考えれば、戦後の「障害児教育」の原型を示した営為として多大な貢献をしたと評価できよう。

　なお、杉田が健康を害し帰郷することになったため、昭和 24(1949) 年 8 月に昭徳会に経営が引き継がれる。当時、施設経営をしていくには交付金と同額の負担金を用意する必要があったが、鈴木修学は宗教者としての確固たる信念でもって決断をしている。児童棟 2 棟、調理場、食堂棟を増設して、隣地を買って拡張し、定員 120 人、職員 27 人で発

足させている。

　鈴木の指導観の根底には、法華経の「如我等無異」（すべての人が仏様の子どもであり、誰もが同じように仏になれる）と「観世音菩薩」（困難に陥ったすべての人を等しく救済する）の教えがある。そして、この教えが次の活動方針になっていると理解できよう。

> ①ひとり一人に思いやりの心をもって接します。
> ②ひとり一人を尊重し、その人に合った支援・援助をします。
> ③ひとり一人を大切に、真心で接します。
> ④すべての人の幸福を目指し、たゆみなく援助技術の向上に努めます。
> ⑤お互いに助け合い、よりよい生活ができるよう努めます。

　その指導内容は、生活指導と職業指導が大きな柱となっている。日常生活を習慣づけ、共同生活への興味と喜びを育み、社会的自立に必要な基礎を身につけられるように個々の障害のレベルにあわせた工夫がなされた。

　その後、昭和40(1965)年に三好学園に移り、現在は豊田市にある小原学園に継承されている。

第7節　野間郊外学園や学童保養園での病弱・虚弱児教育の開始

　わが国における病弱・虚弱教育は、まずは、病弱・虚弱児を転地させて生活指導をすることから始まっている。都市では新鮮な空気に恵まれないため、子どもが病弱・虚弱になるので、田舎へ移って指導すればその効果が上がるという考えに基づいて、休暇集落という形態で開始された。

　この休暇集落は夏休みなどを利用して、海浜、山間、林間で行われた。郊外学園には、日本赤十字社による夏季保養所、各地教育会による夏季集落があった。この休暇集落の教育効果が評価されるにつれて、各小学校で養護学級を設置する動きが現れた。

　こうした養護学級が全国的に開設されるに至った理由には、昭和16(1941)年に公布された国民学校令施行規則において、身体虚弱児童で特別養護の必要のある者に対して学級や学校の編制を定め、昭和18(1943)年に公布された中学校規程及び高等女学校規程においても、身体虚弱の生徒で特別の授業を行う必要があると認める者のため特別の学級を編制できるように規定されたことがあった。

　小学校内の養護学級が実施される中で、都市においては、近隣郊外に常設の校舎を建設して教育する取り組みが行われるようになる。

　東京都や愛知県においては「学園」、大阪府や京都府においては「学舎」と名付けて設置運営されている。

　昭和16(1941)年の名古屋市教育部の『名古屋市教育概要』によれば、名古屋市では、野間郊外学園は、昭和14(1939)年10月23日に学童健康教育の養護施設として開設されている。設置場所は当時の知多郡野間村字前川地内であった。当初は、短期学級、臨海学級を設置する学園で

あったが、昭和16(1941)年に長期学級を併設するようになる。

短期学級は、名古屋市国民学校初等科第4学年以上の子どもを対象としていた。入園期間は、「12日間ヲ一期トシ一年ヲ18期」に分けていた。一方、長期学級は、名古屋市国民学校初等科第4学年在学かつ定期身体検査で要養護児童と認められた者または一般虚弱体質の者を対象としていた。入園期間は、「40日間ヲ一期トシ一年ヲ5期」に分けていた。ただし、短期学級と長期学級ではともに、「伝染性疾患ノアル者、其ノ他集団生活ニ適セザル者」を除くこととされた。臨海学級の教育方針は、「単ナル海水浴ニヨル健康増進ヲ図ルノミナラズ、生活ノ行的訓練目標、規律正シキ団体生活ヲ営マシムル」となっている。期間は、7月6日から8月26日の52日間で一期7日間であった。

定員は、短期学級が180人、長期学級が30人、臨海学級が500人となっていた。教職員は、園長1名、事務員1名、訓導8名（内2名の養護学級専任）、寮母9名（内2名の養護学級専任）、園医（嘱託）1名、園歯科医（嘱託）1名、衛生婦2名、厨夫3名、厨夫補助3名、その他雑役人夫若干名で構成されていた。

野間郊外学園の教育の柱は、①指導養護（寝食ヲ共ニシテ、学習、運動ヲ奨メ、衛生訓練ヲナシ、総合的ニ健康増進ヲ図ル）、②給養（栄養食ノ給与、偏食ノ矯正、食事作法）、③衛生（疾病治療、腔衛生、清掃）となっている。子どもたちは4室（1室20坪）の教室と8室の寝室（1室20畳）で生活を営んでいた。なお、経費は市費経常費が20,544円、児童経費（一人1期）が短期の場合7円50銭、長期の場合25円となっている。昭和15(1940)年度の利用人数は、1学期が1,079人、2学期が1,034人、3学期が448人である。

さらに、夏季臨海学級としても開校されていたが、同年の利用人数は2,535人である。

日課は、表8のようになっている。

表8　野間郊外学園の日課

区分	活動	時刻
朝間	起　　　　床 乾　布　摩　擦 寝　具　等　整　頓 掃　　　　除 洗　　　　面 遥　　　　拝（海岸ニテ） 御　製　奉　誦 朝　　　　食 自　由　時　間	5時20分 7時
午前	朝　　　　礼 国　旗　掲　揚 授　　　　業 検　　　　温 計　　　　測（体重） 昼　　　　食 衛　生　訓　話	7時50分 10時 11時35分
午後	自　由　時　間 授　　　　業 園　外　学　習（史跡見学等） 奉　仕　作　業 間　　　　食 夕　　　　礼 国　旗　降　納 入　　　　浴 夕　　　　食 自　由　時　間	12時45分 1時35分 3時 4時 6時
夜間	夜　ノ　行　事 反　　　　省 乾　布　摩　擦 就　　　　寝 消　　　　灯	6時30分 8時 8時30分

この頃、全国的に設置されていった郊外学園での教育は、当時の国民病のひとつであった結核の予防と並行して成立してきた。その指導内容は、自然の利用、栄養の改善、運動と休息の3原則であって、教科指導はむしろ従であって、過労防止が根本的態度であった。

　野間郊外学園は、戦争の影響で、昭和22(1947)年からは養護学級とは性格を異にする合宿教育所として運営された。合宿教育所は大別して都市型合宿教育所と開拓地型合宿教育所になる。前者は都市が設置主体であり、①疎開学童孤児対策としての性格（東京都、横浜市、川崎市、神戸市、尼崎市、岡山市）、②虚弱児養護(郊外)学園の系譜を引く性格（名古屋市、大阪市）、③原爆孤児、浮浪児養護施設への助成金保障措置としての性格に細分できよう。②に属する名古屋市の考えでは、学童集団疎開において、学童が「人的資源」として、将来の労働力・兵士の担い手と期待されていたのである。名古屋市で「英才教育」を行なおうとした意図はその典型であった。ここには、要保護児童ではない健常児の養護機関としての特徴を指摘できよう。なお、名古屋市では、校長に推薦された者の内で市内の学校から希望する者を募る方法を採っていた。

　ちなみに、昭和19(1944)年9月の『愛知教育』第681号に掲載された「名古屋市国民学校児童集団疎開」によれば、昭和19(1944)年8月6日より8月18日迄に名古屋市国民学校初等科3年及至6年児童33,738人の集団疎開が行われた。その疎開内容は表9のようである。

表9　児童集団疎開

疎開地方	宿泊数	学校数	児童数
県内郡部へ	386	64	20,480
岐阜県地方へ	120	23	6,792
三重県地方へ	108	22	6,466
計	614	109	33,738

合宿教育所は、敗戦の混乱の中で噴出した児童問題対策への生活保障と教育保障を目的とした特例的な施設である。名古屋市では、野間郊外学園、武豊郊外学園、本宿郊外学園、横須賀郊外学園の4園がこれに相当する。野間郊外学園は、今日の児童養護施設名古屋市若松寮の前身である。本宿郊外学園が戦災孤児を対象とし、武豊、横須賀、野間郊外学園が引揚者の子どもを対象とした。ちなみに、『文部省学校教育局初等教育課調』によれば、昭和22(1947)年12月1日現在で4つの郊外学園の総人数630人で、小学校1年が32人、2年が42人、3年が62人、4年が113人、5年が120人、6年が152人、中学校が109人の内訳となっている。

　本宿郊外学園の開設5周年を記念して刊行した『学園のあゆみ』（昭和26(1951)年2月刊）によれば、その教育観の根底にはペスタロッチの思想がうかがえる。その学習内容については、①合宿生活を教育の場とし、之を起点として理想の社会に結びつけて考える（社会科の学習）、②生活学習の為の基礎的学習群（技能学習）、情操を高め楽しい趣味に生きる為に役立つ学習、③生産並びに職業教育深化充実に役立つ学習（課外学習）となっている。

　3つの学園の施設概要は、昭和25(1950)年の『名古屋市教育要覧』によれば表10のようである。

表10　各郊外学園の施設概要（昭和26(1951)年3月1日現在）

	野間郊外学園	横須賀郊外学園	本宿郊外学園
用地面積	6,857.5坪	54,747.6坪	5,386.7坪
遊園面積	1,731.0坪	4,620.0坪	3,250.0坪
学園舎面積	2,013.3坪	865.8坪	427.3坪
教室数	6 (6)	3 (3)	5 (7)
寮の室数	20	20	6

（注：括弧内は学級数）

なお、このほか名古屋市御器所尋常小学校における養護学級の取り組みが紹介されている。『愛知教育』第595号によれば、昭和12(1937)年の学級編制は、第1学年が40人、第2学年が44人、第3学年が30人、第4学年が41人となっている。

実際の教育は、①養護方面、②学習方面、③訓練方面に大別されている。①では、「日光ニ親シマセ新鮮ナ空気中デ生活サセル、過労ヲ避ケテ充分ナル休養ヲトラシム、適度ノ運動ヲサセル、充分ナル栄養ヲ摂ラセル、自然ニ親シマセル、身体ノ清潔ヲ保持サセル、健康生活ノ建設ヲナス、個別的健康指導ヲナス、家庭ノ衛生指導ヘノ協力ヲ求メル、衣服運動量ノ調節指導及乾布摩擦ノ指導」、②では、「衛生思想ヲ涵養スル、個別的指導ヲ重視スル、学習気分ノ更新ト教科ノ配当ニ考慮スル、労作的学習ヲ重視スル、具体的学習ヲ重視スル、野外学習ヲ重視スル」、③では、「自覚的衛生生活ヲ馴到セシメル、明朗快活ナル気分作興ニ努メル、規律及ビ持久忍耐ノ心ヲ養成スル、衛生訓練方針ニヨル」となっている。

名古屋市学童保養園は、昭和19(1944)年7月25日に知多郡武豊町字下山ノ田64番地に開設されている。『名古屋市学童保養園条例』（昭和19(1944)年5月）によれば、第一条に「軽症結核罹患学童ノ診療保養ヲ行フ外小児結核ニ関スル医学的研究ヲ為ス」と事業目的が定められている。第二条に「一、本市内国民学校児童ニシテ結核ニ罹患シ保養ノ必要アリト認ムル者　二、其ノ他市長ニ於テ必要アリト認ムル者」を対象児としている。当初は、病弱虚弱、特に小児結核を対象にして120名の養護教育が進められた。

職員構成は、医師2名、薬剤師1名、X線技師1名、看護婦5名、教員6名、事務員2名、栄養士1名、寮母1名、技能士1名となっている。

また、名古屋市総務課『昭和二十一年事務報告書』によれば、身体虚弱の要保養児童20名、身心素質優秀なる児童40名(高1、2年)が入所し、

前者には健康教育を後者には優秀者教育を実施している。名古屋市衛生局の学童保養園として開所され、戦後一時閉鎖の後、昭和25(1950)年2月に再開されている。その役割は昭和47(1972)年まで継続することになった。

　このように小児結核予防特に発病予防にかなりの役割を果たしているのは、戦時という特殊事情のため、国民の体力の維持向上は、国の重要な課題であったからである。昭和16(1941)年の国民学校令や同施行規則において、身体虚弱、精神薄弱のほかに、弱視、難聴、吃音、肢体不自由等の障害児に対しても、それぞれ学級や学校の設置できることを定めている。たとえば、昭和15(1940)年には、身体虚弱及び精神薄弱の養護学級の数は、全国で1,412学級であったが、昭和17(1942)年には1,628学級、昭和19(1944)年には2,486学級と増加している。昭和17(1942)年の養護学級をみると、身体虚弱児のためのものは1,616学級（64,891人）、精神薄弱児のためのものは66学級（1,039人）となっている。しかし、戦争が激しくなるにつれ、学童疎開等の戦時非常対策によって急速に学級数は減少し、大都市ではほとんどが閉鎖されている。昭和20(1945)年には、全国で517学級、児童生徒数18,201人にまで減少し、昭和21(1946)年には239学級になっている。

第 2 章

1950 年代以降を通して〔展開〕

第8節　戦後の浮浪児対応との関連

　戦争は、児童保護施設にも影響を与え、閉鎖や焼失といった被害を受けることになる。名古屋市内には養護施設として、若葉寮、愛知育児院、駒方寮、名古屋養育院、名広愛児園、精神薄弱児施設として八事少年寮、病弱・身体虚弱児を対象とした東山寮、教護院の愛知学園などが設けられていた。

　ところが、飛行機生産をはじめ国内有数の軍需工業地帯であった名古屋は大空襲をうけ、たとえば、東山寮や名古屋養育院は昭和20(1945)年5月に施設の大半を失っている。また、愛知学園は、昭和19(1944)年12月と20(1945)年2月に焼失し、昭和20(1945)年3月には園児全員が丹羽郡城東村（現在の犬山市）へ疎開することになる。戦争末期には疎開やら、施設自体が軍需工場や行員寮になる事態が生じている。昭和17(1942)年当時は全国に117施設あったものが、戦災によって終戦時86施設に減ってしまう。

　戦後処理として、疎開学童問題、戦災孤児問題、戦災浮浪児問題、非行児問題等への対応で「戦災孤児等保護対策要綱」「浮浪児その他児童保護等の応急措置実施に関する件」による指導、監督が行われた。

　敗戦により「浮浪児」と呼ばれる戦災孤児、親を失い住む所をなくした児童、困窮家庭からの家出児童などがおびただしい数にのぼった。昭和23(1948)年2月1日に実施された「全国孤児一斉調査」では、18歳未満の孤児123,504人が計上されている。このうち11,351人は引き揚げ孤児であるとされる。当時は生活苦で子どもたちの家出が増大して戦時の約20倍にも達したという。昭和23(1948)年に愛知県に中央、豊橋、岡崎、一宮児童相談所が設立される。その頃の全国の養護施設は270施設、児童数は21,000人と報告されている。

こうした浮浪児の群は次第に都市に集中したため、厚生省は7大都府県知事に「主要地方浮浪児等保護要綱」を通知し、発見から児童保護相談所の設置、児童保護施設への指導や監督、児童保護委員会を設置した。この結果7大都府県に浮浪児等児童保護委員会が組織され、一時保護所18ヶ所、児童鑑別所7ヶ所が設置される。そして、「狩り込み」によって児童保護収容所に送られたのである。

　名古屋市においては、厚生省より昭和21(1946)年4月に「浮浪児その他の児童保護等の応急措置実施に関する件」が、同年9月に「主要地方浮浪児等保護要綱」が出され、名古屋駅西に浮浪児の一時収容所と児童鑑別所を併設した鷹羽寮が昭和22(1947)年に設置された。この鷹羽寮での浮浪児の実態については、平岩甫の『駅裏の一カ年』に詳述されているが、それによれば浮浪児338人の知能に関しては、精神薄弱児（IQ70以下）64人、中間児（IQ71－90）199人、普通児（IQ91－120）72人、優秀児（IQ121以上）3人となっている。普通児に達しない児童で77.8％が占められており、浮浪児の中には知的障害のある児童が多数含まれていたことがわかる。

　戦後における特殊教育進展の要因としては、米国教育使節団による報告書（昭和21(1946)年3月）、学校教育法の公布（昭和22(1947)年3月）、児童福祉法の公布（昭和22(1947)年12月）があげられる。

　児童福祉法は、14種類の児童福祉施設をあげている。精神薄弱児施設や療育施設はもちろんのことではあるが、養護施設や教護院においても知的障害、肢体不自由、病弱・虚弱などの障害のある児童が多数入所していたと思われる。ちなみに、精神薄弱児施設は、精神薄弱の児童を入所させてこれを保護するとともに、独立自活に必要な知識技能を与えることを目的とする施設とする。療育施設は、身体の虚弱な児童に適正な環境を与え、その健康増進を図ることを目的とする施設、又は身体の機能の不自由な児童を治療するとともに独立自活に必要な知識技能を与

表11 愛知県内の児童福祉施設

(昭和26(1951)年)

名称	所在地	定員	年度内入所又は取扱人員		職員数
			実人員	延人員	
養護施設					
鹿ノ子寮	名古屋市千種区	100	63	1,953	16
慈友学園	名古屋市東区	30	32	9,430	6
若葉寮児童部	名古屋市中村区	35	53	11,541	19
駒方寮	名古屋市昭和区	78	75	26,614	15
愛知育児院	名古屋市昭和区	50	79	28,153	16
名広愛児園	名古屋市昭和区	70	75	25,198	12
金城六華園	名古屋市瑞穂区	30	51	14,737	13
名古屋養育院	名古屋市南区	45	46	16,870	10
水上児童寮	名古屋市港区	60	48	14,356	11
豊橋平安寮	豊橋市大崎町	45	56	18,529	13
光輝寮	豊川市牛久保町	20	25	8,156	7
聖園天使園	愛知郡鳴海町	50	70	20,721	15
那爛陀学苑	愛知郡鳴海町	20	8	3,183	7
恵泉館	東春日井郡志段味村	30	29	4,753	11
大和荘	東春日井郡旭町	70	70	13,505	7
中央有鄰学院	知多郡大高町	30	29	10,631	8
知多学園	知多郡三和村	20	31	4,696	7
野間郊外学園	知多郡野間町	106	84	36,167	23
横須賀郊外学圏	幡豆郡横須賀村	53	53	19,266	17
本宿郊外学園	額田郡本宿村	120	145	48,788	27
海の家	宝飯郡御津町	45	54	17,301	8
精神薄弱児施設					
八事少年寮	名古屋市昭和区	30	57	17,815	13
視覚障害児施設					
米山寮	岡崎市明大寺町	40	55	12,750	8
虚弱児施設					
瑞穂寮	名古屋市瑞穂区	30	34	11,527	6
教護院					
愛知学園	名古屋市千種区	100	93	2,883	21

えることを目的とする施設とする。これらの施設の学齢児に対する教育は、学校教育法の規定によるとされ教育環境の保障がなされた。

『第一回愛知県統計年鑑』によれば、昭和26(1951)年3月における愛知県内に存在した児童福祉施設は表11のようである。

第9節　名古屋市立旭白壁小学校での試行的な精神薄弱児教育の開始

　戦前の特別学級や養護学級は、戦争中の学童疎開や担任教師の応召などでほとんどが閉鎖されていた。昭和21(1946)年東京都渋谷区の大和田国民学校の開設が精神薄弱児学級の復活とされる。戦後国立教育研修所の三木安正を中心に実験学級構想が持たれている。さらに、昭和22(1947)年に文部省教育研修所の分教場として品川区立大崎中学校に特殊学級が設置された。

　昭和24(1949)年6月実施の文部省初等教育課調の『我が国に於ける特殊学級教育の現況調査』によれば、「精神薄弱児のみを収容するもの」と、「虚弱児、性格異常の混ずるもの」とがあり、戦後初期の特殊学級はきわめて雑多な性格を有していたといえよう。昭和20年代後半に入ると、漸次虚弱児や性格異常児が減少し、混合学級というよりは精神薄弱児学級に整理されていった。

　ちなみに、昭和31(1956)年の文部省『特殊教育資料』によれば、全国の特殊学級は、昭和23(1948)年小学校に222学級、中学校に17学級、昭和24(1949)年小学校に484学級、中学校に26学級、昭和25(1950)年小学校に602学級、中学校49学級と報告されており、年々増加していった。昭和25(1950)年の愛知県教育委員会『教育要覧』『教育年報』によれば、愛知県では、昭和23(1948)年度に特殊教育研究指定校を市・事務所単位で設け、翌年以降その数を増やしていった結果、昭和25(1950)年度の特殊学級設置校は53（特殊教育研究指定校は45）、特殊学級数は100、在籍児童数は3,634人となっている。

旭白壁小学校の実践

昭和23(1948)年に名古屋市立旭白壁小学校（昭和24(1949)年には旭丘小学校と改称）の「福祉教室」が開設された。第二次実験学校として県認定校となり、新教育の研究実践で研究テーマを特殊教育とした。昭和27(1952)年には県研究指定校となり、「特殊教育の研究」をテーマとして名古屋市内の先駆的役割となる。残念ながら教室不足、定員不足、後任の担任不在から昭和27(1952)年度で閉鎖されている。昭和25(1950)年の愛知県教育委員会『教育年報』によれば愛知県下では他の学校には特殊学級は皆無であった。

この当時を見てみると、名古屋市内で戦前から唯一の精神薄弱児施設であった八事少年寮では、この昭和23(1948)年は「知能指数50程度以上〜70程度の児童十数名で学級を編制し、国語、算数、理科教育」を行っていた。また、対象児の中に浮浪児、孤児、非行児や精神薄弱などの障害のある子どもが含まれていた。

この八事少年寮の施設長の杉田直樹を中心にして名古屋大学医学部精神科内に組織された「集団会」では、こうした児童保護問題解決に向けたり、愛知県特殊教育研究会（杉田直樹会長、橋本為次富士中学校長副会長、名古屋大学医学部精神科事務局）を開設したりした。同研究会ではこの頃、岸本鎌一の「特殊教育について」、武田公雄の「知能検査法について」の講演会を愛知県下の各地で実施していた。

以上の八事少年寮での取り組みや愛知県特殊教育研究会の啓蒙活動が、旭白壁小学校の福祉教室をはじめ、戦後の名古屋市の精神薄弱児学級の開設に多大な影響を与えていた。福祉教室の対象児童をめぐっては、当初「精神薄弱児、肢体不自由児、感覚器障碍者、身体虚弱者、孤児、引揚者、貧困児等」と当時の児童問題を広く扱おうとしていたが、職員会議を重ねる中で精神薄弱児に絞られていった経緯がある。同校では精

神薄弱児の特性を、①学校ではものを言わない、②友達も一人もない、③おずおずしているか石の様に無感覚、④教室では坐っているだけ、⑤一般に身体虚弱の障害が多い、⑥一般に貧困ととらえている。

名古屋市立旭白壁小学校「精神薄弱児教育の一端」（名古屋市教育館報第二号）に開設の主旨が述べられている。それによれば、第一に、昭和22(1947)年に公布された児童福祉法の精神を貫徹すべきこと、第二に、担任となる桑原博が田村一二の『忘れられた子ら』（昭和17(1942)年刊行）の先行実践を拠り所にしようとした教育観を読み取ることができる。

さらに、昭和23(1948)年6月1日に愛知県から第二次実験学校の指定を受け、新教育の研究実践（トライアウトスクールと称した）を始動する時期であり、その課題の中に、「児童の中でいちばん学校生活を楽しんでいないのは精薄児であろう。まずここから手をつけよう」という点があった。ここからは、精神薄弱児の教育を重視することが、すべての子どもの能力に応じた教育の充実になるという教育理念に基づいて研究実践に着手していたことを読み取ることができる。

開設の動機、教員の願いとして次の点があげられる。①新しい教育観人間観児童観の立場から実践的な生活者の形成、心身の調和的発展をはかる、②機会均等（個人の能力に応じた教育）、③個性の発見助長をはかる、④学校生活を楽しませたい、⑤将来の自立をはかってやる、⑥社会に対して少しでもプラスの働きをさせたい。

連携として名古屋大学医学部精神科の堀要を中心とした医学的助言や入級判別が得られたことも開級への大きな要因になっていた。担任には桑原の他に富田艶子があたった。本学級への予算としてＰＴＡ会費中に年間5万円が組まれていた。校長は山田為一、教頭は横田厚甫であり、定員外に教員数を確保し、教室不足のため応接室を開放して設置している。

児童の選択をみると、19人中IQ70以上が11人占めていることから、軽度の精神薄弱を中心とした促進学級的性格を有していたと把握できる。その選択においては、青木誠四郎の『児童心理学』(壮文社)や田中寛一の『田中びねー式知能検査法』(世界社)といった文献を参考としていた。選択順次は以下のようであった。

```
1、各クラス担任にて数名選択
2、右児童に知能テスト（IQ70以下のみ再選択）
    1、2年グットナフ女史描画式知能テスト
    3年以上田中B式団体知能テスト
3、性格テスト（青木誠四郎『児童心理学』中より）
    各クラス担任の観察
4、生育史遺伝　環境調査（環境調査は本校全員5月頃実施）
5、専門家の検診指導
6、家庭の承認
    被選択者　1年→6年　31名　全在籍児童数の約2.4％
    実施　　　1年→3年　19名　1年2年3年児童数の約2.8％
```

なお、愛知県科学教育センターの『愛知県戦後教育史年表』、『愛知県公報』第2915号によれば、愛知県では、昭和24(1949)年に愛知県特殊児童研究会が知能検査法講習会を開催し、昭和25(1950)年に愛知県教育委員会が特殊児童研究会と協力して、特殊児童の調査・指導（知能テストと事例研究）を実施する時期に相当する。

『昭和23年度福祉教室経営』によれば、教育方針は「社會性を養い天賦の個性を最大に発揮し獨立して生活し得る善良且健康な実践的活動的人間を育成」することとしていた。具体的目標は「①社會性を養う、②健康な身体、③日常生活に對する良習慣、④根氣よく喜んで働く習慣態度、⑤社會生活をするために必要な最小限の基礎的技能確保（読む、書く、計算する、物の名前、取扱、手入等）、⑥手の修練」となっていた。これらの方針と目標から、社会に適応できる人間育成、態度形成が強調

されているという特徴を指摘できよう。

　教育課程は、「心身の発達の特徴」と「社会機能の範囲」をおさえた上で編成している。

　教育方針と目標を達成するために、教育課程の柱となるのが第三学年までの学力を形成する「社会科作業単元」であった。社会科を中心として社会的な問題を学習する「中心学習」が最初になされ、国語、算数、理科、音楽、図工、体育という各教科の関連性をもたせる、学校行事や季節とのかかわりをもたせるといった教科の統合、行事単元が試行されていた点に先駆性をみることができる。

　なお、「技能の練習」では、読み書きといった基礎学力の形成がなされた。国語や算数では指導内容順を配置した能力表に基づいて指導された。理科、音楽、図工、体育では単元表や学習目標が用意された。

　「自然と親しむ時間」では、継続的な観察や飼育が取り入れられた。その他、「教育記録」「はたらき帳」「よい子帳」「行動の記録」「観察簿」などの記録ノートを工夫して実践に役立てていた。

　昭和23(1948)年11月20日付の中部日本新聞は「生れ変る精神薄弱児　珍しい旭ケ丘校の試み」という見出しで、「・・・鉛筆ばかり削っていた子供たちもようやく口をひらき"先生マルをつけてェ""先生つぎは何やるの"など楽しそうに連発、進度表には一日々々修了のマルがつけられわずか十日足らずの間にめざましい効果をあげている・・・」と報道している。

第10節　名古屋市立菊井中学校での教育課程づくりと精神薄弱児教育の展開

　昭和28(1953)年6月は文部省事務次官通達『教育上特別な取扱いを必要とする児童・生徒の判別基準』の作成（解説書もあり）、同年度から昭和31(1956)年度にかけては障害別に実施された児童・生徒の実態調査がなされた時期（出現率の調査）に相当する。当時はこれによって、文部省当局は盲聾児以外の障害児教育を振興させるための根拠も得て、昭和30年代に入ってからの障害児教育の拡大整備への機をつかむことができたと理解できよう。少し長くなるが同判別基準から引用してみる。「小学校・中学校の学齢児童、生徒で、病弱・発育不完全その他心身の故障のため、教育上特別な取扱を要するもの、すなわち、就学が困難で、就学義務の免除または猶予を必要とするもの、盲学校・ろう学校または養護学校に就学させるべきもの、特殊学級に入れて指導することの望ましいもの、普通学級で特に指導に留意すべきものなどが正しく判別され、その結果に基いて、各人の能力に応じた教育が受けられるように、それぞれの段階・措置等を示すこと」を目的とした。こうした時期に菊井中学校の取り組みをみることができ、先の旭白壁小学校の全くの先駆的な実践開始時期とは区別できると思われる。

　昭和24(1949)年に名古屋市教育委員会調査広報課が全市内中学校を対象に調査を実施している。それによると、「就学通学事故者」（未就学、長期欠席者、出席常ならざるものの総称）が約3.0％、「経済的事由による事故者」が約1.99％計上されていた。こうした状況に対して、同年「興味をもって学習するように長欠児をしつけること」を目的に名古屋市立菊井中学校の「福祉学級」が開設された。

　まずは入級生徒の実態把握として知能測定を実施しているが、最劣7

名、劣18名、下8名、中下4名、中1名という結果から、長欠児の中には知的障害のある生徒が多く存在し、特に知能レベルに大きな差があることが読み取れる。

　昭和27(1952)年3月31日、菊井中学校は名古屋市教育委員会から「ホームルーム教育研究指定」を受けている。特殊教育研究指定校となり、この研究を進めるために、知能テストを実施して、知能の遅れが認められ特別指導を必要とする生徒が66名、問題行動のある生徒が18名という所見を出している。こうした測定結果をもとにして、「普通学級と同様な指導を続けて行くことに大きな問題点があることに気づき、合議の結果、昭和27(1952)年9月より試験的に特殊学級を編制する」こととなった。これにより、昭和24(1949)年に設置された長欠児対策の「福祉学級」の他に、昭和27(1952)年には精神薄弱児学級を開設した。

　江西小学校より担任として赴任した川崎昂が、「ただ、勉強ができないのを理由に、しかられている子や、みんなからのけものにされ、一般からはみだしている子どもを見ると、たまらない気がするのです。この子も、みんな家に帰れば、かけがえのない子ばかりにちがいありません」と述懐しているように、開級にあたっては人間愛があった。さらに、「この子に対する考え方は、ただもう世間態を恥じたり、いわれもない罪悪感に自ら苦しんだり」していた保護者への支援という側面もあった。

　昭和27(1952)年の開級当時の指導時間は、1日2時間で国語、数学、音楽、図工の4教科で、残りの時間は普通学級にかえして学習することとしていたが、同年10月に文部省主催の東海北陸特殊教育研究集会で発表された「行動に問題のある生徒の指導及び知能の遅れた生徒の指導」という研究が契機となり、川崎の担任のほかに音楽、家庭、国語の補助教師を加えて全教科を指導できる体制を整えた。いわゆる指導効果がかなりみられたことから、一日中指導されるように指導形態が変化している。

昭和27(1952)年には、IQ60以下、学力検査20点以下の生徒の中から、専門医が適当と診断し、保護者の承諾を得るという手順をふまえて11人が入級した。

昭和28(1953)年6月に前述した判別基準が出されたため、入級基準が変更となった。普通学級へ戻した方が適当と認めたときは戻すこととなり、また、学区内の小学校卒業生から優先的に選び、在籍人数に余裕のあるときには学区外の希望者よりIQ40以上70くらいの生徒を対象とするように変わっている。その結果、昭和29(1954)年以降は20人前後の生徒数となっている。

ちなみに先の出現率については表12のような結果になっており、精神薄弱は4.25％となっている。

表12　特殊教育対象の学齢児童生徒の出現率

区　　　　分		出現率（％）
盲	盲	0.03
	強度弱視	0.04
聾	聾	0.05
	高度難聴	0.08
小　　　計		0.2
精神薄弱		4.25
肢体不自由		0.34
身体虚弱・病弱	病弱	0.51
	身体虚弱	0.84
小　　　計		5.94
合　　　計		6.14

精神薄弱は昭和28(1953)年、肢体不自由及び身体虚弱は29年、盲・弱視及び聾・難聴は30年に府県抽出で調査を実施している

開設当時は「学級は開設したものの、教育のねらいや指導方法、教科書など、なに一つ定まっていたわけではありません」と述懐しているように暗中模索で始めている。

　昭和28(1953)年の教育方針は、「知恵の遅れた者でも、適当な環境と指導を与えて、その社会性を養い、自己の劣等感から解放された健康で明朗な生徒として成長させ、将来、社会の成員として、それぞれが各自の能力に応じて幸福な生活を営み得る能力を養う」となっている。

　さらに、具体的目標は、「①日常生活をする上に必要な知識、技能、態度を修得する。②各自の能力に応じた指導をして、長所の活用につとめる。③健康生活については習慣となる。④集団生活を通して、社会適応性を培う。⑤簡単な労作（作業）を通して、作業の基礎的陶冶をはかる。⑥感覚の訓練、体育、音楽、図工、工作に指導の重点をおく」となっている。

　昭和28(1953)年11月17日付の名古屋タイムズは、「指導も個性に応じ、教科の好きな子には教科を、芸能の上手な子には芸能を思う存分やらせ、何かに興味と自信を持たせるように行われた」と報じている。さらに、昭和29(1954)年4月18日付の読売新聞は、「学年にしばられることなく各人の能力に応じた指導をし、長所の活用につとめているというのが学級のねらい」と伝えている。子どもたちのこれまでの不信感、劣等感、恐怖感をときほぐすだけでなく、一人ひとりに応じた指導をするといった面がうかがえよう。

　以上のような教育方針と具体的目標が明確にされるとともに、教育課程が初めて編成され「各教科の基礎的内容を反復練習し、正しい日常生活のあり方を習慣づけ、あわせて、将来の自立性を養うこと」にし、各教科の指導目標と月ごとの単元（大単元と小単元）の設定に特徴をみることができる。

　翌年の昭和29(1954)年には、「教育課程の改訂を行い、能力別指導を

主眼に、継続的な作業教育を課し、労作を重視するとともに指導の簡単化」をはかるように工夫している。この年には週時程表や時間割をしっかり作成している点に特徴がみられる。

さらに、昭和30(1955)年から32(1957)年においては、教育課程が再編成され、「ＡＢＣの三段階による能力別指導と図工科を中心とした表現活動と継続的な労働教育を重視する」ように変化する。そして、昭和33(1958)年以降は「造形活動（図工科）を中心とした表現活動と、継続的な作業による職業教育を重視した」教育課程へと変化する。すなわち、この時期には教育課程の中軸に表現活動と職業教育を据えるという川崎の指導観が確立していった。

特設カリキュラムがなかった昭和27(1952)年を仮に「教育課程の草創期」とするなら、28年からは各教科の反復練習、日常生活指導、自立性に重点を置いたカリキュラムを編成し、29年にかけては能力別指導、継続的な作業教育、労作を重視するようになるので「教育課程の形成期」、30年から32年は「教育課程の再編成期」、33年以降は「教育課程の充実期」とすることができよう。

職業教育を積極的に取り入れたのは、「特殊学級の生徒たちの知能は低いけれど、彼らは彼らなりに生きていく権利があり、それを実現する方法は必ずあるに違いない。仮に社会の片隅で細々という形にせよ、最低の生きる条件を用意してやる必要があるのではないか」という考えによる。

川崎は造形活動のねらいは２つあるとし、第一に、美的感覚を追求する美術教育で、子どもたちに最上の美術作品を作らせることであり、第二に、子どもの全面発達を促す人間形成の面で果たす役割であるとしている。そして、特殊教育における造形活動は後者にあたるとしている。つまり、作品中心主義ではなく、「一個の成長する人間の内面的な力の現れたものとして、常に子どもの背後にある精神を見抜く努力や成長の

過程を重視し、育て励ますことが大きなねらい」となってくる。

　川崎の指導過程では版画を重視する時期が出てくるが、昭和42(1967)年刊行の『ちえ遅れの子の版画指導』によれば、①手の機能、②働く喜び、③精神の集中（持続性）、④人間関係、⑤他教科と手をつなぐ、⑥心理療法としての版画の有効性に注目している。

　後述する幅下小学校とともに自発的な研究が結果を生み、昭和29(1954)年にはカリキュラムの改定を行い、能力別指導を主眼にしている。隣接校区の小中学校が揃って指定を受けたのは、小中学校9ケ年で精神薄弱教育を完成させるという教育委員会の意図があった。同年、八事少年寮に八事小学校と川名中学校の分校設置が認められ、名古屋市教育委員会から派遣教員が送られたこととあわせて、精神薄弱教育の基礎とその後の設置への気運が高まったといえる。なお、特殊学級の開設のために非常な熱意をもって尽力した人物として当時の指導課長の坂井貞三をあげておきたい。

　昭和29(1954)年には、文部省主催の「中部日本特殊教育研究集会」が、幅下小学校や菊井中学校などを会場として開催されるなど、名古屋市における特殊教育の揺籃期を迎えることになったととらえられる。

　同年には手をつなぐ親の会菊井支部が発足している。親の会のその頃の活動スローガンは、①軽いものは社会自立、②重いものには温い保護、③親なきあとの保障、④発生予防と早期対策となっている。昭和30(1955)年5月15日には会報『手をつなぐ親』を発刊している。

第 11 節　名古屋市立幅下小学校での組織的な精神薄弱児教育の発展

　名古屋市立幅下小学校の「ゆり組」が開設されたのは昭和 29(1954) 年である。

　開設までには次の経緯があった。幅下小は昭和 27(1952) 年名古屋市教育委員会から特殊教育研究指定を受け、①普通学級と教科外活動時における問題児の指導は全職員が研究に参加すること。②学級内に忘れられた子どもをなくすること。③問題児が起こした事象を中心に一般児童の教育も行われること。④教師の教育観や実践力が向上するこという、問題児指導の意義を職員会議で確認している。昭和 27(1952) 年度県市特殊教育研究指定校「普通学級に於ける特殊児童の指導」によると、研究内容は 1. 普通学級に於ける指導　2. 特別教育活動時間に於ける指導　遅進児のクラブ構成－基礎指導となっている。同年 10 月には、東海北陸地区特殊教育研究集会が同校で開催され、研究報告を行っている。

　この研究指定に先駆けて昭和 23(1948) 年から 27(1952) 年までに問題児の事例研究や生活単元学習研究を継続して行っていた点にも注目できる。ここでは、個々の人格を尊重する教育、個人差に応ずる教育に関して実験学校としての役割を果たしていたことがベースにあると理解できる。

　昭和 28(1953) 年には名古屋市教育委員会から道徳教育研究指定を受け、問題児に対して 1 学級 1 人事例研究という方法で取り組んでいる。ここでいう問題児とは、乱暴な反社会的な場合と発達の遅れがある非社会的な場合が対象となっていた。こうした子どもへの事例研究が学年協議会、グループ協議会、全体協議会、事例研究協議会の 4 つの部会で順に進められた。昭和 28(1953) 年度市道徳教育研究指定校「普通学級に

於ける問題児の指導」によると、研究内容は１．普通学級に於ける指導　２．特別教育活動時間に於ける指導　遅進児のクラブ構成－技能面指導となっている。

　以上の研究結果から、精神薄弱児は、これに適した環境と、能力に適合した方法により指導することが、彼等の幸福であり、教育上必要なことであるとの結論に至っている。

　時を同じくして同区内には菊井中学校に特殊学級が設置され、幅下小学校を卒業する精神薄弱児に就学先が開かれた。加えて両校が主導的役割を果たして、昭和28(1953)年に西区特殊教育研究会を発足させ、同年度末に愛知県特殊教育研究会が組織されるなど、精神薄弱児教育への気運が高まっていた。さらに、昭和29(1954)年には特殊学級担任も含め、全市的に名古屋市特殊教育研究会が組織されている。初代委員長は鈴木卯吉（穂波小長）で、精神薄弱児の幸福をめざしてその実態を把握し、心理的研究を進め、それに基づく教育の推進をはかると同時に特殊教育の普及発展に尽す趣旨のもと第一歩を踏み出している。昭和30(1955)年5月1日現在の愛知県内の特殊学級数は、精神薄弱学級15校（小学校11校、中学校4校）、身体虚弱学級20校、混合学級1校であった。

　ゆり組の担任には斉藤キクが、副担任には養護教諭の望月あさ子が就き、望月は主に健康衛生指導及び学級事務を補助することとなった。対象児童は、1年生はまだ観察期間が短く判別の正確さが期せられないため、2年生から6年生までとしていた。

　人数は15人程度、知能指数は70以下を基準とすることとした。たとえば、昭和29(1954)年を取り上げると、IQ50以下の児童が16人中6人在籍していて、知能の幅広い分布であったこと、4年生以上の学年が13人占めていたことがわかる。そして、学区内から対象児童を選ぶことを原則とし、学区外希望者を入級させるときは通学距離を考慮して8歳以上という条件を定めていた。

入級に至るまでの手順は、担任の見解、学業成績、知能検査を第一次資料とし、それに個人テストを課し、校長の面接の後に保護者の承諾を得ていた。

斎藤の述懐によると、「学級を担任して一番困ったことは相談する相手のなかったことでした。何をどう教えるのか、どう教えたらのってくるのか、尋ねるようにも経験者がありません。目前の子どもは一口に精薄児童といっても、言語不能の白痴から、IQ75 の放浪性のある魯鈍まで誠に複雑多岐でありまして・・・夏休みに文部省主催特殊学級指導者講習会に参加しました」とある。

昭和 29(1954) 年の教育方針は、「児童の実態を把握して、個人の興味、能力に即応した指導をする。身近な生活に必要な指導をする。集団生活を通じて、社会性を養う、心身の健康指導に努める。作業を通じて生活態度の指導をする。感覚の陶冶を行う」となっていて、生活指導に重点が置かれていた。

具体的目標は、「①身のまわりのことがひとりで出来る。②みんなと楽しく生活していける。③何か出来る人間を作りあげる」となっている。これらの教育方針と具体的目標から、個人の能力に応じた指導が前面に打ち出され、社会性と協調性を培うことに特徴があったと読み取ることができる。

昭和 29(1954) 年の教育課程は「生活指導単元」と称され、日常の基本的な生活態度が身につくことが重視され、よって１時限目には挨拶、清潔検査、話し合い、絵日記といった指導内容が考えられていた。さらに、年間計画は行事と単元に関連をもたせて組まれている。３つよりなる教科指導は、「基礎学習」では算数と国語を扱い、一斉指導と個別指導の両指導形態で行われた。「一般学習」は見学という社会科的教育内容と動物飼育・観察・栽培という理科的教育内容から構成された。「技能学習」では音楽と体育と図工を扱い、特に体育の時間内に健康衛生面への指導

を怠らないように留意することが取り上げられた。

　さらに、普通学級との交流を積極的に取り入れたり、退級理由が経済事情（貧困）や離婚などによることから家庭の重大さを考慮したりしている。また、指導要録のほかに、学校独自の通知表を工夫している。これは、絶対評価を重んじ、各教科にめあてが示され、各自の能力に合った到達目標が設定された。

　昭和30(1955)年になると、指導目標に関連性をもたせ、教育課程の構造化を試行するように変化してくる。すなわち、「自立生活の確立」を最終目標と掲げ、それに達するまでに、「基礎学習」と「社会性の啓培」と「健康の増進」が打ち立てられた。「基礎学習」では経験による把握から遊戯、作業の指導が考えられ、「社会性の啓培」では遊びの指導、学級自治活動の分担、作業態度の重視がなされ、「健康の増進」では安全教育、衛生習慣の徹底、感覚の訓練が行われた。

　なお、昭和30(1955)年度の愛知県特殊教育研究集会では、11月29日～30日に名古屋市立飯田小学校を会場にして、公開授業のあと精神薄弱児学級の特設授業が行われ、名古屋大学文学部教授の横瀬善正の「特殊児童の心理」と題する講演がなされた。揺籃期ゆえに、精神薄弱児教育の教育課程、特殊学級編成上の隘路と打開策、普通学級内における特殊児童生徒の指導が研究主題となっている。研究集会終了後に愛知県特殊学級連絡研究会の立ち上げが話題となり、第1回の会合が幅下小学校で開催され、規約が審議された。会長には脇田鋭一（一宮西小長）、佐藤敬一（幅下小長）、幹事には川崎昂（菊井中）、斉藤キク（幅下小）、鍋島文知（長久手小）、会計には小塩正夫（宮西小）がなっている。規約は愛知県特殊教育研究協議会『特殊教育10年のあゆみ』によれば以下のようである。

愛知県特殊学級連絡研究会規約

1、本会は、愛知県特殊学級連絡研究会と称し、事務局を会長校に置く
2、本会は、県内の特殊学級（精薄）設置校を以って組織する
3、本会は、小中学校に於ける特殊学級の連絡研究を図ると共に、特殊教育の振興に寄与することを目的とする
4、前条の目的を達するため左の事業を行う
　(1) 特殊学級経営上の諸問題
　(2) 特殊学級を中心とする諸種の実態調査
　(3) 特殊学級の拡充、振興を図るための対策
　(4) その他必要な事項
5、本会は、次の如く運営する
　(1) 毎学期1回定例研究会を開く
　(2) 必要に応じ校長会、あるいは担任会を開く
　(3) 会場は当番を定め、当番校にて開く
　(4) 会に関する経費は各校負担金並補助金で当てる
6、本会の事業を円滑に遂行するために次の役員をおく　任期は各1年とし再選を妨げない
　(1) 会長1名　(2) 副会長1名　(3) 幹事若干名　会長委嘱
　(4) 会計1名
附則　本規約は昭和31年1月16日より施行する

　昭和31(1956)年2月24日の同会担任者会では、名古屋市内にあった特殊教育研究会が作成した「特殊学級の経営記録」が各校に配布されているが、その内容は、版画指導、編成の経過、1年のあゆみ、情緒不安定なこどもなどとなっている。この県組織とは別に、昭和32(1957)年度には名古屋市特殊学級連絡研究会が発足の動きをみせている。

第12節　名古屋市立精神薄弱児特殊学級の増設

　昭和29(1954)年12月の中央教育審議会の「特殊教育およびへき地教育振興に関する答申」に基づいて、昭和34(1959)年7月に文部省は今後の特殊教育の発展に関して中央教育審議会へ諮問を行った。その答申「特殊教育の充実振興について」の中に「養護学校、特殊学級の設置について、①精神薄弱教育（イ）市及び人口3万人以上の町村に年次計画により、人口数に応じて一定数の特殊学級の設置を義務づけ、国の補助を行う、（ロ）人口3万人未満の町村に特殊学級設置を奨励し、国の補助を行う」とある点に注目できる。要するに、こうした答申に示された事項が、昭和30年代後半の行政施策の基本的路線となっていたと理解できる。

　加えて、昭和29(1954)年はちょうど中部六領域案が検討された頃であり、六領域とは、生活・健康・情操・生産・言語・数量の指導内容のことである。名古屋からは高木（東白壁小）、栗本（千鳥小）、若山（守山東中）、川崎（菊井中）の4人が検討メンバーとなり、この指導内容の妥当性について、研究指定校となったのが菊井中学校であった。

　ここでは、①かれらの能力の限界（どこまでできるのか）、②指導の可能性（ここまでは指導できるという見通し）、③社会的要請の3つの観点に立ち、市内の12小学校と7中学校の協力を得て、その検討をしている。

　昭和30(1955)年から34(1959)年にかけての名古屋市特殊学級の開設校をまとめたのが表13である。上記の時代的要請からして、昭和20年代後半を揺籃期ととらえるならば、この期は発展前期とでもいえよう。

　中でも、その先導的役割を果たしたのが守山東中学校である。同中学校に特殊学級が開設されたのは昭和29(1954)年である。この特殊学級

表13　昭和30年代前半の名古屋市特殊学級開設校

年度	開設校名
昭和30(1955)年度	内山小、飯田小、松栄小、常磐小
昭和31(1956)年度	東白壁小、橘小、白鳥小
昭和32(1957)年度	亀島小、瑞穂小、西築地小、千鳥小
昭和33(1958)年度	伊勢山中、北山中、南光中
昭和34(1959)年度	八王子中、港南中

　開設にあたっては、「不適応現象も醸成される現実を見て、われわれは教育の機会均等の立場のみでなく、人道的にも放任できない」理由があった。指導の実際は、就職の問題が目前に迫っていることから、①木工作業、②白墨つくり、③農耕作業などの労作学習に力を注いでいる。また、実際的訓練のため職場実習を行い、就職指導や卒業後の補導もできる限り行っている。

　先述したように愛知県特殊教育研究集会の開設にともない、昭和31(1956)年には愛知県特殊学級連絡研究会の第一回の会合が幅下小で行われ、翌昭和32(1957)年には名古屋市特殊学級連絡会（初代会長は伊藤正幅下小学校長）の芽生えがあり、授業参観、文部省夏期講習会の参加、特殊教育要覧の作成などが進められた。

　名古屋市において、以上のような展開がなされたのは、戦前からの八事少年寮施設長である杉田直樹、名古屋大学医学部精神科の協力が土壌となっているのはもちろんだが、手をつなぐ親の会の発展（小林市長会長）、名古屋大学教育学部の研究や指導、中部社会事業大学の設立などがあったからである。

　昭和31(1956)年6月、公立養護学校整備特別措置法が制定された。この法によって、養護学校は義務教育学校とほぼ同様の国の財政的援助を受けられるようになった。公立養護学校については、その建物の建設費の2分の1を国が補助し、教職員給与費等の2分の1、教材費の一部

を国が負担することとなった。

　公立養護学校整備特別措置法の施行までは、表14にみるように、昭和31(1956)年5月現在で養護学校はわずかに精神薄弱2校、肢体不自由3校、病弱4校にすぎなかった。昭和36(1961)年度を初年度とする文部省の養護学校設置促進計画により、同年には全国に58校しかなかった学校数は確実に増加した。

　一方、特殊学級も昭和30年代後半には、精神薄弱特殊学級を中心に飛躍的な増加があった。表15は全国と名古屋市の状況を示したものであるが、昭和40(1965)年度には、全国で7,000学級を超えている。この背景には、文部省は市町村の人口比に応じて特殊学級の設置計画を進

表14　養護学校数の推移

年度	精神薄弱		肢体不自由		病弱		計	
昭和31	2		3	(1)	4		9	(1)
32	7	(1)	3	(2)	6		16	(3)
33	8	(1)	7	(2)	8		23	(3)
34	14		11	(2)	11		36	(2)
35	17	(1)	14	(2)	12		43	(3)
36	23	(2)	20	(2)	15	(2)	58	(6)
37	28	(2)	29	(4)	17	(6)	74	(12)
38	34	(2)	37	(6)	20	(8)	91	(16)
39	42	(2)	41	(9)	23	(9)	106	(20)
40	57	(3)	47	(12)	25	(9)	129	(24)
41	66	(2)	53	(15)	27	(8)	146	(25)
42	71	(4)	63	(19)	27	(11)	161	(34)
43	75	(5)	68	(22)	28	(11)	171	(38)
44	82	(11)	73	(22)	29	(11)	184	(44)
45	87	(14)	76	(22)	29	(11)	192	(47)

（　）内の数は分校を示し、外数である。

表15　国及び名古屋市の精神薄弱特殊学級の増加

年度	小学校		中学校		計	
昭和29	308	(2)	94	(2)	402	(4)
30	404	(6)	155	(2)	559	(8)
31	515	(9)	231	(2)	746	(11)
32	603	(13)	295	(2)	898	(15)
33	799	(13)	408	(5)	1,207	(18)
34	1,062	(13)	547	(7)	1,609	(20)
35	1,528	(13)	722	(13)	2,250	(26)
36	2,029	(21)	900	(18)	2,929	(39)
37	2,644	(25)	1,149	(21)	3,793	(46)
38	3,331	(30)	1,564	(26)	4,892	(56)
39	4,043	(34)	2,125	(29)	6,168	(63)
40	4,823	(39)	2,786	(31)	7,609	(70)

（　）内の数は名古屋市の特殊学級数である

めることとしているが、昭和32(1957)年から国の補助を行うようにしたことがあげられる。同様にして、名古屋市においても昭和40(1965)年度には70学級を数えるようになっている。

　名古屋市においては、昭和36(1961)年に、小中学校の特殊学級の連絡・研究を図るとともに、特殊教育の振興に寄与することを目的として、名古屋市特殊教育研究協議会が設置されている。これにより、①特殊学級経営上の研究ならびに諸行事、②特殊学級を中心とする諸種の実態調査、③特殊学級の拡充振興を図るための対策、④その他必要な事項が講じられた。特に、①の研究に関しては、研究題目を定め、特殊教育の進展を図る目的から研究部を、諸行事に関しては、特殊教育運営に関する年間行事を計画立案する目的から行事部を置くこととなっている。なお、本会は名古屋市特殊学級連絡会が改称したものである。

　この協議会は、昭和34(1959)年以降の特殊学級の増加が顕著になっ

てくることから、上記の事項の中で教育課程の検討に力を注いだ。昭和36(1961)年度は、中間報告として教育課程中間試案をまとめている。

名古屋市特殊学級教育課程は、昭和37(1962)年に、まず小学校部・中学校部（IQ50～75）のいわゆる教育可能な児童・生徒に対する4段階（小低・小高・中低・中高）で、小中一貫を念頭に置きながら、先に述べた中部日本六領域案を基盤にして教科の形でまとめる方向で作成が進められ、単元（小単元）の内容形式が検討された。また、教育課程作成の注意事項として、①精神薄弱児の特色、②普通児との違い、③基礎になる経験の積み重ね、④社会的能力の陶冶、⑤最低限度の経験要素はどれだけかを示した。加えて、各教科の内容と指導形式の他に、道徳として踏まえる内容、職業教育の内容等が示された。

このように昭和30年代は、教育課程研究が活発化する時期であり、養護学校学習指導要領の制定準備期でもあった。特殊教育教育課程研究指定校として、菊井中学校が「精神薄弱教育の指導内容の妥当性について」（昭和34(1959)年度）、松栄小学校が「特殊学級児童指導要録および通知票の具体的研究」（昭和36(1961)年度）という研究主題を設定して進めている。

昭和35(1960)年度には白鳥小学校で研究集会が開催されている。この集会のテーマも教育課程研究であり、各分科会で、①生活領域というより生活を育てる課程、②情操領域内の造形的要素の検討と造形カリキュラムの考察、③健康領域における身体活動の検討、④職業・家庭科（生産領域）カリキュラムの考察、⑤言語・数量領域の検討と指導の実際といった具体性をもたせるようになっている。

このようにして昭和37(1962)年に名古屋市特殊学級教育課程ができたことで、1年後の昭和38(1963)年度には『特殊学級の手引き』が作成された。入級判別、学級編制、施設設備の充実、経常費の確保、教育課程活用による指導計画や指導法の研究、就職指導、安全教育等多岐に

わたる内容で、市内全校に配布された。

　入級基準に注目してみると、入級に向けて何らかの基準を設ける必要さが出てきて、名古屋市教育委員会は心理学者や精神科医を中心に判別委員会を構成し、該当学級と緊密な連絡の下に入級希望者の判定を行うよう、入級判別の基準と教育的措置を講ずることを指示している。

　精神薄弱児といっても、障害の程度と種類、他の障害を併せもつ児童生徒と多様である。上記の指示では、特殊学級の教育によって最も大きな効果の期待できる者が優先されることは言うまでもないとされた。そこで、教育的措置として文部省の昭和37(1962)年10月18日付文初特第380号通達「学校教育法および同法施行令の一部改正に伴う教育上特別な取扱いを要する児童・生徒の教育的措置について」を参考にして、軽度の者（IQ50－70）で社会的適応が乏しくない者、境界線児（IQ75－85）であって精神薄弱特殊学級で教育する必要のある者が対象となっている。

　また、入級の手順は①学業不振児の選出（普通学級担任）→②個人別知能検査（テスター）→③生育歴、家族歴、社会生活能力、学力などの調査→④精神医学的検査→⑤父兄面接→⑥判別委員会→⑦入級候補者決定→⑧入級となっている。

　ところで、精神薄弱児学級の増設のほかに、他の障害に応じた学級の創設もみられる。病弱虚弱特殊学級は昭和41(1966)年に小学校で3学級中学校で2学級、昭和42(1967)年から46(1971)年までは毎年小学校で3学級、中学校で1学級が設置され続けた。昭和45(1970)年には老松小学校に弱視特殊学級が置かれ、愛知県下の通常学校における弱視教育の緒となった。この学校では弱視児の潜在能力をより伸ばすために通常学級と同じ内容の学習時間を可能な限り設けたうえで、社会適応性の涵養などの時間も追加で設けた。この弱視特殊学級はその後昭和47(1972)年には今池中学校に、昭和49(1974)年には新明小学校に設置

されている。

　難聴特殊学級にあたっては、昭和44(1969)年に東桜小学校と高蔵小学校に、昭和49(1974)年に牧野小学校と菊井中学校に設置された。言語障害特殊学級にあたっては、昭和40(1965)年に東桜小学校に、昭和44(1969)年に高蔵小学校に、昭和49(1974)年に牧野小学校に設置された。情緒障害特殊学級にあたっては、昭和48(1973)年に滝川小学校にくすのき学園の施設内学級として設置された。ちなみに、今日まで継続されている名古屋市連合運動会は昭和33(1958)年から、名古屋市作品展は昭和39(1964)年より開催されている。

第 13 節　盲聾教育の制度的整備

　戦後の民主的教育体制の確立及び教育改革の実現にとって基本的な意義をもつのは、日本国憲法(昭和 21(1946) 年 11 月 3 日公布) と教育基本法(昭和 22(1947) 年 3 月 31 日公布・施行) の制定である。ここに、教育の機会均等の原則、9 年の義務教育が明示された。また、学校教育法(昭和 22(1947) 年 3 月 31 日公布・施行) では、特殊教育も一般の学校教育の一環をなすものとして位置づけられた。

　このような教育改革は、連合国軍総司令部による占領政策として成し遂げられたものであるとはいえ、盲・聾教育界では戦前からの熾烈な運動が背後にあったことを看過してはならない。つまり、障害児教育の新制度の制定にあたっては、教職員、障害児の父兄、その他関係者らの教育運動が大きな原動力になっていたところに特色がある。

　以上のように、特殊教育諸学校の義務制は原則的に作られたものの、小学校や中学校では、昭和 22(1947) 年 4 月 1 日からは実施されず、「施行期日は政令でこれを定める」として、事実上は棚上げされていた。盲・聾学校については、昭和 23(1948) 年度小学部第 1 学年に入学すべき児童から、遂次実施の形で義務制が実現したのである。教育課程の基準としての学習指導要領の作成は昭和 32(1957) 年まで着手されることはなかった。同年に「盲学校小学部・中学部学習指導要領一般篇」「ろう学校小学部・中学部学習指導要領一般篇」が実施され、先の小・中学校の教科の準用は廃され、同年 12 月の学校教育法施行規則の改正で、盲・聾・養護学校の教科が定められた。ちなみに、養護学校の義務制はさらに見送られ、その実現は昭和 54(1979) 年まで待たなければならなかった。

　こうした義務制の施行によって、愛知県においても盲・聾学校の整備・充実が図られ、岡崎と豊橋の両私立盲啞学校は盲・聾分離独立して県に

移管され、昭和23(1948)年11月1日に、愛知県立名古屋盲学校、愛知県立名古屋聾学校となったのである。

その名古屋盲学校の就学率をみるとさほどの変化はなかった。その理由として、経済的状況が厳しい保護者がいたこと、盲教育に対する親の理解不足、世間に知られたくないといった保護者のもつ課題が大きかったと考えられる。

教科書にあたっては、昭和24(1949)年から教科書検定が始まったが、盲学校用の点字教科書は採算が合わないことから出版はされなかった。昭和29(1954)年になって小学部と中学部への教科書を無償で給与できるようになり、教科書の充実にも力が入れられたのである。

一方、名古屋聾学校での児童生徒数は表16のとおりで、昭和20(1945)年度と昭和35(1960)年度では約1.7倍となっている。

ここでは、伝統的に口話法による言語指導中心の教育方法が重んじられ、特に低学年への具体的な指導方法を例示した3部作「発語、発声指導体系」「言語指導中心総合教育精案」「文章入門期における口話教育精案」が昭和30年代前半まではかなり使われていた。それゆえに、昭和32(1957)年に学習指導要領一般篇が出されるものの、これを受け入れるのに、他校以上に抵抗が強かったのである。

ところで、聾教育においては幼稚部の動向を追う必要があろう。名古屋聾学校においては、昭和38(1963)年度まで幼稚部が存在した。昭和23(1948)年の学則では、幼稚部修業年限1カ年入学資格5才となっており、同年は1学級を編成している。昭和27(1952)年度からは本格的に編成してその教育成果を得ている。それが、後年「聾のハンディキャップを救う唯一の道は早期教育にあり」とまで言われるようになる早期教育の先駆けとなったのである。

表 16　名古屋聾学校の児童生徒数の推移

年度	児童生徒数 (人)
昭和 20	281
21	304
22	255
23	260
24	301
25	325
26	354
27	403
28	423
29	436
30	457
31	482
32	483
33	465
34	454
35	474

第 14 節　公立の児童福祉施設の増設

　昭和 30 年代初めに精神薄弱児通園施設での対応が学齢期対象でとりあえず開始されたことは先述した。昭和 45(1970) 年には、心身障害者対策基本法が制定され、「すべての心身障害者は個人の尊厳が重んぜられ、その尊厳にふさわしい処置を保障される権利を有するものとする」という理念のもとで、国や地方公共団体に対策への責務が課せられた。

　昭和 43(1968) 年 6 月には愛知県心身障害者コロニーが設立される。昭和 62(1987) 年刊行の『愛知の福祉』によれば、これに先立ち、前年に開催された愛知県社会福祉大会におけるコロニー建設への要望で、重症心身障害児施設（こばと学園）、精神薄弱児施設（はるひ台学園）といった子どもの施設整備、在宅障害者への対応の充実が求められている。大規模化といった面もあったため、施設入所におけるホスピタリズムの問題、施設の社会化、コミュニティ・ケアの新たな考えが検討される中でもあった。

　名古屋市を含めて愛知県における 18 歳未満の精神薄弱児数に注目すると、昭和 44(1969) 年が 6,529 人、昭和 50(1975) 年が 7,655 人、昭和 55(1980) 年が 8,160 人、昭和 60(1985) 年が 8,961 人と増加している。

　それに対応する施設数は表 17 のようである。

　この中で、昭和 52(1977) 年刊行の『名養連のあゆみ』によれば、名古屋市にあった、名古屋市設置主体で名古屋市近郊にあった児童福祉施設は表 18 のようである。

表 17　愛知県の精神薄弱児施設数の推移（名古屋市を含む）

年度	精神薄弱児施設	精神薄弱児通園施設	重症心身障害児施設
〜35	7	3	—
〜40	6	4	—
41	6	6	—
42	7	6	—
43	8	8	1
44	9	10	1
45	9	10	1
46	9	11	1
47	9	12	1
48	9	13	1
49	9	13	1
50	9	15	1
51	8	16	1
52	8	16	1
53	8	16	1
54	8	17	1
55	8	17	1
56	8	17	1
57	8	17	1
58	8	17	1
59	7	17	1
60	7	17	1

表18　児童福祉法による名古屋市施設一覧

(昭和52(1977)年現在)

種別	施設名	設置主体
養護施設	若葉寮	名古屋市
	若松寮	名古屋市
	駒方寮	昭徳会
	名古屋養育院	昭徳会
	南山寮	愛知育児院
	名広愛児園	名広愛児園
	金城六華園	金城六華園
	慈友学園	慈友会
	養蓮学園	養蓮会
	和進館児童ホーム	和進奉仕会
	聖園天使園	聖心の布教姉妹会
	那爛陀学苑	那爛陀学苑
	中央有鄰学院	中央有鄰学院
教護院	玉野川学園	名古屋市
精神薄弱児施設	あけぼの学園	名古屋市
ろうあ児施設	愛松学園	英功会
虚弱児施設	ひばり荘	名古屋市
情緒障害児短期治療施設	くすのき学園	名古屋市
乳児院	若葉寮	名古屋市
	衆善会乳児院	衆善会
	玉葉会乳児院	愛知玉葉会
肢体不自由児通園施設	わかくさ学園	名古屋市
精神薄弱児通園施設	みどり学園	名古屋市
	ひよし学園	名古屋市
	ちよだ学園	名古屋市
	あつた学園	名古屋市
	さわらび園	あさみどりの会
	愛育園	名古屋キリスト教社会館

第 3 章

1970 年代以降を通して〔拡充〕

第 15 節　名古屋市立養護学校の開校

　わが国においては、昭和 24(1949) 年に初めて私立の身体虚弱児を対象とした養護学校が千葉県で認可された。その後は、昭和 30(1955) 年までに公立 1 校、私立 4 校と遅々とした増加ぶりであり、それゆえに義務制実施が見送られていたが、昭和 31(1956) 年の公立養護学校整備特別措置法の成立後の整備によって、昭和 46(1971) 年には 261 校までになった。同年 5 月には、参議院内閣委員会にて、文部省設置法の一部改正法案に対する附帯決議として、養護学校義務制実施の促進が挙げられ、同年 6 月の中央教育審議会答申では、「これまで延期されてきた養護学校における義務教育を実施に移す」ことが提言された。

　これを受けて文部省では、昭和 47(1972) 年度を初年度として特殊教育拡充計画を策定した。特に養護学校に対しては、養護学校整備 7 年計画を立て、最終年度の昭和 53(1978) 年度までに、対象となる学齢児童・生徒全員を就学させるのに必要な養護学校の整備を図ることとなった。

　この計画を前提に、昭和 48(1973) 年 11 月に、養護学校の就学及び設置の義務制を昭和 54(1979) 年 4 月 1 日から実施する旨の予告として、学校教育法中養護学校における就学義務及び養護学校の設置義務に関する部分の施行期日を定める政令が公布され、昭和 54(1979) 年度から養護学校での教育が義務教育になることが確定した。これまでは、障害の重い子どもたちが就学猶予・免除という名目で教育を受ける権利が保障されないでいたという歴史的事実をここで確認しておきたい。

　愛知県においては、公立養護学校整備特別措置法制定以前の昭和 30(1955) 年 12 月に、児童福祉施設の青い鳥学園の委託教育先として、愛知県立養護学校 (現愛知県立名古屋養護学校) が公立肢体不自由養護学校では全国に先駆けて設立された。その後、愛知県立では、岡崎養護

学校、春日台養護学校、大府養護学校などの養護学校が設立される中、名古屋市立では、昭和48(1973)年に西養護学校、昭和51(1976)年に南養護学校が設立された。

西養護学校は、設立当時は、幼稚部1学級8人、小学部6学級48人、中学部3学級12人、高等部2学級17人の計12学級85人の児童生徒であった。教職員は23人といった小規模の学校でスタートしている。

この学校が開校した時代の背景には、昭和40年代に入って特殊教育に対する社会的理解が深まり、心身障害児の適正な就学の場の必要性の声が多く聞かれるようになったことがある。さらに、特殊学級においては、在籍している児童生徒の障害が重度化の傾向にあり、指導が難しくなり、養護学校設置の声があがっていた。こうした状況の中で、幼稚部、小学部、中学部、高等部と一貫した教育ができる精神薄弱養護学校が名古屋市立として設置されたのである。

西養護学校の開校当初の努力点は次のようになっている。

・昭和48(1973)年
　みんな仲よく、元気に、ひとり立ちのできる子どもの育成
・昭和49(1974)年
　みんな仲よく、元気に、ひとり立ちのできる子どもの育成
・昭和50(1975)年-51(1976)年
　じょうぶな体をつくり、がんばる力をつける

さらに、教育目標と具体的目標は次のようになっている。

(教育目標)
精神薄弱児の特性を考えて、将来すすんで社会生活に適応、自立することのできる知識技能を身につけさせ、調和のとれたたくましい全人的人格の形成をめざす。
(具体的目標)
ア　自分で身のまわりのことをする。

> イ　みんなと仲よく一緒に楽しい集団生活をする。
> ウ　じょうぶな体をつくり、がんばる力をつける。
> エ　日常生活に必要な知識・態度・習慣を身につける。
> オ　仕事の尊さを知り、喜んで働くことのできる技能・態度・知識を身につける。

　ここからは、子どもの実態把握に始まり、社会的自立という目標を達成するために、体力づくりや知識・技能・態度に重点が置かれていたと読み取ることができる。

　南養護学校は、名古屋市の南部に在住する子どもを対象に2番目の精神薄弱養護学校として設置された。発足当時は、幼稚部1学級、小学部6学級、中学部3学級で、64人の子どもと20人の教員であった。

　教育目標のひとつであった「身辺処理能力や、日常生活に必要な生活習慣を形成する」については、指導の系統性が考案されている点に特徴がある。①子どもの実態を観察－分析・問題点の摘出、②指導ステップの作製と実践展開－衣服の着脱・食事・排泄・身のまわりの整理整頓のグループに分かれ指導のステップ作製と指導研究、実践研究によって問題点の解明、実践報告、③まとめと評価反省－個人別進度表、指導実践記録、まとめとなっている。

　しかし、精神薄弱養護学校での教育に対する期待は大きく、その期待に応えるには2校で十分とはいえなかった。加えて、児童福祉施設の名古屋市立あけぼの学園に入所している精神薄弱児に関して、小中学校分教場として設置されている特殊学級および施設内学級で行われている学校教育の充実という課題があった。このような2つの状況に対応すべく、昭和55(1980)年に天白養護学校が開校した。

　次いで、市内北東部には養護学校がなく、遠距離通学といった問題があったため、昭和60(1985)年に守山養護学校が開校した。

　義務制実施に伴う名古屋市の障害児教育の実施状況の変化を、義務制

実施直前の昭和五53年(1978)と7年後の昭和60(1985)年を比較して取り上げてみたい。

　第1に、障害児教育対象児の推移である。子ども全体数の減少に対して、昭和53(1978)年には特殊学級在籍児が895人(子ども全体数に対して0.32%)であったが、昭和60(1985)年までに漸次増加し1.29倍の1,159人(同0.44%)となっている。一方、養護学校在籍児は昭和53(1978)年の328人(同0.12%)から昭和60(1985)年には1.43倍の469人(同0.18%)になっている。この7年間では、特殊学級が約1.26倍、養護学校が約1.29倍になっている。

　第2に、特殊学級の量的・質的変化である。特殊学級の学級数に関して、小中学校別、障害の種類別についてみてみると、学級数では、昭和53(1978)年で小学校72学級、中学校45学級から昭和60(1985)年で小学校132学級、中学校76学級となっており、1.7倍-1.8倍の増加である。

　一方、障害の種類別では、情緒障害学級が2学級から48学級へと急増しており、精神薄弱学級が104学級から138学級と増えている。これらの増加に比べ、難聴、言語障害、弱視の各学級はこの7年間でほとんど変化はみられない。

　第3に、養護学校での各学部の子ども数についての推移をみてみると、中学部に在籍する子どもが約2.8倍に、高等部が約1.95倍になっている。これは、天白養護学校と守山養護学校の開校もあるように、障害の重い子どもに教育を受ける機会が拡大されていったと理解できる。

　第4に、訪問教育での対応である。義務制実施と併せて、「心身の障害が重く、日常生活において常時介護を必要とするなどのために通学できず、家庭にいる学齢児童生徒」を対象として、教育のひとつの形態として訪問教育が実施された。名古屋市では、昭和53(1978)年に47人、翌年に75人と一挙に増加した。南養護学校では昭和54(1979)年に訪問教育を開始している。西養護学校では昭和48(1973)年の開校時からす

でに訪問教育を行っていた。たとえば、昭和63(1988)年の南養護の訪問部は小学部10人、中学部8人となっており、脳性まひが8人、水頭症が4人、ダウン症1人、小頭症1人、その他4人である。ほとんど全員が用便・食事・着脱という身辺自立で全介助となっている。

第5に、就学猶予・免除児の推移である。就学猶予児数は昭和53(1978)年の54人（小学校24人、中学校30人）から昭和54(1979)年の39人（小学校18人、中学校21人）へと減少している。就学免除児数も38人から29人に減っている。義務制が実施された昭和54(1979)年以降では、これらの人数は徐々に減少し、昭和63(1988)年には就学猶予児13人（小学校7人、中学校6人）となっている。先述した訪問教育の展開との関係でこのような変化になっていったと理解できよう。

特殊教育から特別支援教育への移行過程は、①平成13(2001)年の「21世紀の特殊教育の在り方について(最終報告)」、②平成15(2003)年の「今後の特別支援教育の在り方について(最終報告)」、③平成17(2005)年の「特別支援教育を推進するための制度の在り方について(答申)」を経て、「学校教育法等の一部を改正する法律」が公布され、平成19(2007)年四月から特別支援教育への制度的転換がなされた。

特別支援教育の理念の特徴は、平成19(2007)年に文部科学省から出された「特別支援教育の推進について(通知)」にあらわれている。そこでは以下のようにまとめられている。

> 特別支援教育は、障害のある幼児児童生徒の自立や社会参加に向けた主体的な取組を支援するという視点に立ち、幼児児童生徒一人一人の教育的ニーズを把握し、その持てる力を高め、生活や学習上の困難を改善又は克服するため、適切な指導及び必要な支援を行うものである。また、特別支援教育は、これまでの特殊教育の対象の障害だけでなく、知的な遅れのない発達障害も含めて、特別な支援を必要とする幼児児童生徒が在籍する全ての学校において実施されるものである。

> さらに、特別支援教育は、障害のある幼児児童生徒への教育にとどまらず、障害の有無やその他の個々の違いを認識しつつ様々な人々が生き生きと活躍できる共生社会の形成の基礎となるものであり、我が国の現在及び将来の社会にとって重要な意味を持っている。

　ここでは、第1に、幼、小、中、高といったライフステージにわたっての支援であること。第2に、特別支援学級や特別支援学校のみならず、通常の学級を含めて、全ての学校において実施すること。第3に、教育の対象を拡大したこと。第4に、共生社会をめざすことといった点に特徴がある。

　文部科学省の平成28(2016)年5月1日現在の「特別支援教育の対象の概念図（義務教育段階）」によれば、全国では特別支援学校には約7万1千人(0.71%)、特別支援学級には約21万8千人(2.18%)、通級による指導には約9万8千人(0.98%)となっている。合計すると約38万7千人で全児童生徒数999万人の3.88%を占めている。

　さらに、発達障害(LD、ADHD、高機能自閉症等)の可能性のある児童生徒は、6.5%の割合で通常の学級に在籍していることが平成24(2012)年の全国実態調査で明らかにされている。

　平成30(2018)年度の名古屋市の特別支援教育状況は次のようである。

　特別支援学校は、西、南、天白、守山養護学校の4校がある。小、中学部、高等部(普通科)は、知的発達の遅滞があり、日常生活に頻繁に援助を必要とする児童生徒のために、身辺自立や集団生活・職業生活への適応をめざした指導を行っている。

　訪問教育部は、西養護学校と南養護学校に設置されていて、障害が重度又は重複しているため、特別支援学校に通学して教育を受けることが難しい児童生徒に、特別支援学校の教員が家庭を訪問して指導を行っている。

加えて、高等部(産業科)が守山養護学校に設置されていて、知的な障害の程度が比較的軽い生徒のために、福祉、ものづくり、流通・サービスの3つのコースを設け、企業等への就労をめざし、職業教育を中心とした指導を行っている。

　表19は4つの特別支援学校における学級数、児童生徒数、教員数の近年の状況をまとめたものである。

　小中学校の特別支援学級は、障害の程度が比較的軽度ではあるが、通常の学級においては学習の成果を十分にあげることが難しい児童生徒を対象として、一人一人の実態に応じて、きめ細かく指導を行っている。

　知的障害学級は、知的発達の遅滞があり、日常生活に一部援助を必要とする児童生徒のために、教科学習を中心に、具体的な生活経験や個人の課題に応じた学習を取り入れ、将来自立できるよう指導している。また、通常の学級等との交流及び共同学習を通して、集団生活に参加する能力や豊かな人間性を育成している。

　自閉症・情緒障害学級は、自閉症の児童生徒には、障害の状態に応じて個別や小集団による指導の場を適切に設けて指導している。集団になじめなかったり、友人関係がうまくいかなかったりする児童生徒に、心理面に配慮しながら学習指導をしている。

　弱視学級は、拡大鏡等の仕様によっても通常の文字、図形等の視覚による認識が困難な児童を指導している。

　肢体不自由学級は、補装具によっても歩行や筆記等、日常生活におけ

表19　特別支援学校の学級数・児童生徒数、教員数の推移

年度	学級数 (学級)	小学部 (人)	中学部 (人)	高等部 (人)	教員数 (人)
平成27(2015)年度	169	191	205	713	431
平成28(2016)年度	176	213	170	759	443
平成29(2017)年度	187	213	162	785	481

る基本的な動作に軽度の困難のある児童生徒を指導している。

病弱学級は、持続的に医療又は生活の管理を必要とする児童を指導している。病院内学級は、病院内に設置されている学級で、入院している児童の病状に応じて指導している。

難聴学級は、補聴器等の使用によっても通常の話声を解することが困難な生徒を指導している。

言語障害学級は、正しい発音や話す方法等を学習し、生活の中で定着させるよう指導している。

さらに、通級指導教室では、比較的軽度の障害がある児童生徒に、各教科等の指導は通常の学級で行いつつ、障害に応じた特別の指導をしている。

表20は、上記特別支援学級の内、2018年現在、知的障害と自閉症・情緒障害の特別支援学級を設置している学校数を区別、小・中学校別に整理したものである。

名古屋市の「暮らしの情報」によれば、特筆できることとして、支援体制の中でいくつかのスタッフの配置があると思われる。

発達障害対応支援員は、発達障害のある幼児、児童、生徒に対し、学校(園)生活での介助を行うため支援員を配置している。支援員は、学級担任や教科担任との連携を図りながら、授業中をはじめ、休み時間や食事時間等学校(園)生活全般での支援を行う。

発達障害対応支援講師は、発達障害のある児童生徒に対し、学級や教科担任との連携を図りながら、授業時間内に別教室で少人数指導を行い、学級や教科担任とペアを組んで学習の援助を行う。

学校生活介助アシスタントは、幼稚園、小、中学校に在籍する障害のある児童生徒に、年間を通して付き添っている保護者等の負担を軽減するため、学校(園)内における移動や生活動作の補助、宿泊を伴わない校外学習における補助や校内生活の安全配慮等を行う。

通級指導定着支援員は、個別の指導計画を基にして、通級指導教室担当教員と連携して、在籍校での学校生活を支援することにより、指導の効果的な定着を図る。

　看護介助員・学校給食栄養士は、医療的ケアが必要な児童生徒が、個別の能力を最大限に発揮できるように、医療的ケアと生活介助を行う看護介助員を配置し、学校生活における支援を行う。また、胃ろう等のため、ミキサー食のように給食を再調理することが必要な児童生徒の在籍する学校に食等を基にした形態食をつくる。

表20　区別の特別支援学級設置の学校数

（平成30(2018)年現在）

区	知的障害特別支援学級		自閉症・情緒障害特別支援学級	
	小学校	中学校	小学校	中学校
千種区	12	5	14	5
東区	6	3	6	2
北区	19	7	14	6
西区	15	5	12	6
中村区	13	6	13	6
中区	10	1	7	1
昭和区	9	4	10	3
瑞穂区	9	5	9	4
熱田区	7	3	5	3
中川区	22	11	20	10
港区	18	7	18	8
南区	16	7	18	7
守山区	18	8	17	8
緑区	28	12	28	11
名東区	18	7	17	6
天白区	16	7	17	4

第16節　統合保育の開始

　わが国における障害幼児への保育については、1950年代〜60年代は特殊教育諸学校幼稚部、通園施設などといった分離保育であった。

　昭和53(1978)年刊行の文部省『特殊教育百年史』によれば、幼稚部の設置は遅々としており、表21のように依然として十分に進まない状況であった。

　こうした状況の中、昭和49(1974)年に厚生省から「障害児保育事業実施要綱」が通知された。この制度は、保育所が障害児を受け入れるために必要な経費を国と自治体が補助するというものであり、当時の厚生省が通園施設だけでなく、保育所での統合保育にも保育の機会を広げるという大きな制度の転換である。要するに、同年以降は国が障害児保育を制度化し推進・支援するようになったといえよう。

　名古屋市において初めて障害児保育に取り組んだのは昭和37(1962)年に熱田区で共同保育を開所した池内共同保育所である。この実践記録

表21　全国の特殊諸学校数と幼稚部在籍児数の推移

年度	盲学校	聾学校	養護学校
1950	76校 (7人)	82校 (315人)	3校 (-)
1960	76校 (9人)	103校 (574人)	46校 (11人)
1970	75校 (83人)	108校 (1,740人)	239校：知的障害101 肢体不自由98 病弱40 (38人：知的障害28 肢体不自由8 病弱2)

（　）内は幼稚部在籍児数

を詳述してある『カツオ・お母さん・共同保育―脳性小児マヒ克郎くんの記録―』によれば、「人間的大きな自由を求めた集団的な取り組みの中で、・・・発達の事実を示し・・・発達に必要な栄養素が何であるかを示している」とある。

　昭和46(1971)年頃から、障害児をもつ親たちが保育所や幼稚園を訪れることが多くなり、会合で各園長たちの口の端に上がるようになってくる。

　この時期が草分けである。

　昭和47(1972)年には名古屋キリスト教社会館保育部に障害児が発見され、制度化以前に保育が開始されている。

　昭和48(1973)年に、それまでケース研究という形で年3-4回障害児を受け入れている公立・私立の保育士が集まり行っていたケース研究会が統合保育研修会に名称変更になっている。その頃から「統合保育」という言葉で障害児保育が叫ばれるようになっている。

　昭和50(1975)年には「障害児保育事業実施要綱」が制定され昭和49(1974)年4月1日に遡及して適用している。ここでは、市の要綱を定め、おおむね4歳以上で程度が軽く、集団保育可能な幼児を、定員の1割程度以内入所させている私立保育所に対し、指定保育所として運営費補助を行っている。また、職員の範疇を保母又は指導員とし、男性にも門戸が開かれた点で他の自治体との相違があった。

　昭和49(1974)年には、徳風幼児園（北区）、キリスト教社会館保育部（南区）が、昭和50(1975)年には新生保育園（西区）、愛名保育園（港区）が指定保育所になる。その後、昭和51(1976)年に6ケ園となり40名の障害児が入所している。昭和52(1977)年には8カ園が指定されている。

　大きな転換期としては公立保育所での障害児保育を開始した昭和52(1977)年に当時の本山市長に名古屋市児童福祉審議会より「名古屋市における障害児保育のあり方について（答申）」が出されたことがあ

げられよう。

　その障害児保育に対する基本的な考え方は次の通りである。

　　①障害児が社会の一員として基本的な人権を保障されるためには、保護と治療と教育を実施しなければならない。
　　②療育は、専門的知識や技術が要請され、障害の種類と程度に応じた個別的措置や特殊な施設、設備が必要とされる。そのため、それぞれの施設、学校、病院並びに相談機関が、その機能に応じて療育活動を行ってきた。これに加え、母子短期入園、母子通園、地域の障害児グループ等の療育活動を通じて、家庭療育の重要さが認識され、母親の障害児理解と家庭内の指導記述を高めてきた。これらの面は、今後ともひきつづき充実させる必要がある。
　　③保育者の障害児に対する理解を深め、人間関係を高めることが、保育の質の向上に資することがあきらかになってきている。障害児と健常児との交流の機会を早期から地域的につくることが必要である。
　　④保育所及び幼稚園はそれぞれが受け持つ責任分野において、障害児を受け入れ、障害児を含めた集団保育の機能をもつべきであり、それに必要な体制を整備することが必要である。

この答申の内容には、愛知県障害児の不就学をなくす会の母親たちの訴えが大きく反映されている。

　表22はその後の1990年代までの名古屋市園での障害別の入所子ども数の変化である。

表22　名古屋市園での障害別受け入れ子ども数の変化

年度	1979	1989	1993	1998
視覚障害	5	0	3	1
聴覚障害	5	6	7	3
肢体不自由	11	27	41	62
内部疾患	7	14	11	12
知的障害	133	220	227	248
自閉症	50	59	96	142
その他	31	4	1	26
計	242	330	386	494

第 4 章

2000 年以降を通して〔展望〕

第 17 節　見晴台学園での「生涯学習」

　文部科学省から出される通知に「幼児児童生徒」という文言がかなり使用されるように、特別支援教育には乳幼児期－学齢期－青年期を円滑につなぐという発想がある。障害児者の「生涯学習」を通して、発達保障の一環として位置づけること、ノーマライゼーションやインクルージョンとして位置づけることが大切である。

　見晴台学園は名古屋市中川区にある。1990 年 4 月、学習障害児のための無認可の 5 年制 " 高校 " として誕生した。「自分にあった勉強がしたい」「もっと学びたい、友だちがほしい」と思っても行き場のなかった子どもたちのために、その親たちが中心になって立ち上げた。それは「制度が整う頃にはわが子は学校を必要とする時期を過ぎてしまう」と危惧する親たちの運動であった。

　まさしく、通常学級にも特別支援学級にも収まりにくい、制度の谷間に置かれた存在の子どもたちの教育権保障をめざす取り組みである。現在では、中等部（中学）、高等部本科・専攻科（高校）、見晴台学園大学、ら・びすた（自立訓練サービス）がある。

　見晴台学園の実践からは、幼児・学齢期教育と卒業後を区切って移行すればよいというものではなく、幼児・学齢期の育ちや学びがその後の卒業後に大きく影響するという考え方が見て取れる。それぞれの時期に一貫する支援を生涯学習として理解し、今後のさらなる展開に期待する。

第18節　地域療育センターでの「地域支援」

　1950年代のデンマークに淵源をもつノーマライゼーションの理念は、①人間としての尊重、②平等と機会均等の保障、③地域社会の中での権利実現、④ＱＯＬの保障が特徴である。この理念の浸透には、既存のシステムの転換が必要であった。近江学園を創設した糸賀一雄の名言「この子らを世の光に」という発想の転換にはノーマライゼーション理念の原点を見出すことができる。

　1960年代に法の谷間に置かれていた重症心身障害児の生きる力の形成に取り組んだ糸賀一雄や小林提樹は療育の理念を打ち立てた。それは、障害児が少しでも生き生きと過ごせるように、関係者が働きかけていくこと、互いの専門性を発揮して、地域の社会資源とマンパワーを動員して、地域ぐるみで障害児の育ちを支援し、連携することである。

　現在、名古屋市内の療育機関については年齢別、区別に表23のセンターが設置されている。

　その目的は、①発達に遅れや不安のある子どもを支援する。②子どもの発達に関する専門家を配置し、発達相談、診療、リハビリテーション（機能訓練）、発達支援などの支援をする、としている。専門スタッフとしては、医師、保健師、看護師、理学療法士、作業療法士、言語聴覚士、心理担当職員、保育士、児童指導員、栄養士、ケースワーカー、相談支援専門員などを置いている。

　特別なニーズがある子どもたちへの対応には、専門性はもちろんのこと、即時性、柔軟性、可変性、継続性といった対応力が求められると思われる。名古屋市内を初め、愛知県内においても地域での療育センター、発達センターが増設されつつある。今後に総合的な支援が推進されることに期待したい。

表23　名古屋市の地域療育センター

	区別	年齢別
北部地域療育センター	東区、北区、西区	小学生未満
西部地域療育センター	中村区、中川区、港区	小学生未満
南部地域療育センター	南区、緑区	小学生未満
東部地域療育センター	千種区、守山区、名東区	小学生未満
中央療育センター	中区、昭和区、瑞穂区、熱田区、天白区	小学生未満 小学生以上 （18歳未満）

第19節　なごや子ども条例の「意見表明権」

　平成元(1989)年に国際連合が「子どもの権利条約」を採択し、それまでの保護の対象としての児童観から、権利の主体としての児童観にたち、大人が子どもの最善の利益をもって子どもの権利の尊重を行うことを求め、意見表明権を尊重することとした。

　こうした状況の中で、1995年に大阪府が自治体として初めて『子どもの権利ノート』を作成したことを契機に、同様のノートが子どもの権利擁護施策として全国に広がった。要するに、子どもに権利を伝え、権利が侵害されたときにその解決方法を説明する小冊子とでも言えよう。

　近年、被虐待と発達障害との関係が指摘されるようになってきている。乳児院や児童養護施設の入所者の中に発達障害の子どもたちの増加が指摘されるのも一例である。

　虐待は今日的な大きな児童問題である。虐待を受けた子どもたちは、意見表明の自由がなくなり、十分に発達せず、社会的自立の場が設定されない。

　名古屋市は、平成20(2008)年4月に子どもの権利を保障し、子どもの健やかな育ちを社会全体で支援する自治体の実現をめざして「なごや子ども条例」を施行した。前文、第1章　総則（第1条・第2条）、第2章　子どもの権利（第3条－第7条）、第3章　子どもの権利を保障する大人の責務（第8条－第13条）、第4章　子どもに関する基本的な施策等（第14条－第19条）、第5章　子どもに関する施策の総合的な推進（第20条－第28条）、第6章　雑則（第29条）、附則より構成されている。たとえば、第7条は、主体的に参加する権利として、①意見を表明する機会が与えられること。②自分たちの意見が尊重されること。③意見を表明するために、必要な情報の提供その他必要な支援を受

けられることを規定している。
　この条例では、子どもの権利とその権利を保障するための市、保護者、地域住民、教育と福祉にかかわる関係者などの責務を明らかにするとともに、子どもに関する施策の基本となる事項を定めている。条例を理解し、子どもの目線で名古屋市の施策がさらに推進されることに期待したい。

第 2 部　第 4 章　2000 年以降を通して〔展望〕

名古屋の障害児教育福祉略年表

年代	障害児教育福祉関係（機関・法・大会・刊行など）
1901(明治34)	私立名古屋盲学校の設立（校長　長岡重孝）
1902(明治35)	私立名古屋盲唖学校と改称
1909(明治42)	愛知学園の設立　東春日井郡水野村（園長　伊東思恭）
1912(大正元)	名古屋市立盲唖学校の設立
1920(大正9)	全国盲唖教育大会（名古屋）
1922(大正11)	愛知学園の移転　名古屋市千種区田代町
1922(大正11) -1923(大正12)	名古屋市の個別学級の開設
1924(大正13)	『聾唖国語教授法』の刊行 名古屋市社会課「市内各町細民状態調査」の実施
1925(大正14)	愛知県児童研究所の設立（園長　丸山良二） 愛知学園児童鑑別所の併設
1926(大正15) （昭和元）	『口話式聾教育』の刊行 『聾教育口話法概論』の刊行 『愛知県児童研究所紀要』第1輯の刊行
1929(昭和4)	東山寮（瑞穂寮）の設立

1931(昭和6)	愛知学園『感化の栞』の発行
1933(昭和8)	中央有鄰学院と改称(園長　青山衝天)
	愛知県盲学校　愛知県聾学校の開設
1935(昭和10)	愛知学園の大増築
	児童鑑別所が愛知県少年鑑別所に改称
	杉田直樹の『治療教育学』の刊行
1937(昭和12)	八事少年寮の設立(園長　杉田直樹)
	ヘレン・ケラー女史の名古屋市公会堂での歓迎会
1939(昭和14)	野間郊外学園の設立
1944(昭和19)	名古屋市学童保養園の設立
	名古屋市国民学校児童集団疎開の開始
1946(昭和21)	横須賀郊外学園の設立
1947(昭和22)	学校教育法の制定
	武豊郊外学園、本宿郊外学園の設立
1948(昭和23)	盲聾学校の就学義務化
	名古屋市立旭白壁小学校の精神薄弱児への「福祉教室」の開設
	中央児童相談所の開設
	八事少年寮を社会福祉法人昭徳会継承

1949(昭和24)	名古屋市立菊井中学校の長欠児への「福祉学級」の開設
1950(昭和25)	愛知県社会福祉協議会の設立
1952(昭和27)	東海北陸地区特殊教育研究集会の開催（幅下小）
1953(昭和28)	文部省の「教育上特別な取扱いを必要とする児童・生徒の判別基準」の通達
1954(昭和29)	盲学校、聾学校および養護学校への就学奨励に関する法律の公布
	文部省「特殊教育ならびにへき地教育振興に関する答申」発表
	名古屋市立八事小学校と名古屋市立川名中学校に分教場の開設
	名古屋市立幅下小学校の「ゆり組」の開設
	名古屋市特殊教育研究会の組織
	名古屋市立守山東中学校の特殊学級の開設
	中部日本特殊教育研究集会の開催（菊井中、幅下小など）
1955(昭和30)	名古屋市立内山小、飯田小、松栄小、常磐小の特殊学級の開設
	会報『手をつなぐ親』の発行
	愛知県立青い鳥学園（第一）の設立

1956(昭和31)	愛知県特殊教育研究集会の開催（飯田小） 名古屋市立東白壁小、橘小、白鳥小の特殊学級の開設 公立養護学校整備特別措置法の公布
1957(昭和32)	名古屋市立亀島小、瑞穂小、西築地小、千鳥小の特殊学級の開設 精神薄弱児通園施設のみどり学園の設立
1958(昭和33)	名古屋市立伊勢山中、北山中、南光中の特殊学級の開設
1959(昭和34)	名古屋市立八王子中、港南中の特殊学級の開設 中央教育審議会「特殊教育の充実振興について」答申
1960(昭和35)	精神薄弱児施設のあけぼの学園の設立 精神薄弱者福祉法の公布
1962(昭和37)	池内共同保育所の障害児保育開始
1963(昭和38)	精神薄弱児通園施設のひよし学園の設立 名古屋市特殊学級の『特殊学級の手引き』の作成
1966(昭和41)	精神薄弱児通園施設のちよだ学園の設立 愛知県特殊教育研究協議会『愛知特殊教育10年のあゆみ』の刊行

1968(昭和43)	愛知県心身障害者コロニーの設立
1970(昭和45)	心身障害者対策基本法の制定
1971(昭和46)	精神薄弱児通園施設のあつた学園の設立
1972(昭和47)	名古屋キリスト教社会館保育部の障害児保育開始
	通園施設のさわらび園の開設
1973(昭和48)	名古屋市立西養護学校の設立
	青山大作『名古屋市の社会福祉―終戦時を中心として―』の刊行
	名古屋市立滝川小にくすのき学園の施設内学級の開設
1974(昭和49)	厚生省の「障害児保育事業実施要綱」
	名古屋キリスト教社会館保育部、徳風幼児園の障害児指定保育所
1975(昭和50)	新生保育園、愛名保育園の障害児指定保育所
1976(昭和51)	名古屋市立南養護学校の設立
1977(昭和52)	名古屋市児童福祉審議会より「名古屋市における障害児保育のあり方について（答申）」
	愛知県特殊教育の歩み編集委員会『愛知県特殊教育の歩み』の刊行
1979(昭和54)	養護学校義務制の施行

1980(昭和55)	名古屋市立天白養護学校の設立
1981(昭和56)	国際障害者年
1985(昭和60)	名古屋市立守山養護学校の設立
1990(平成2)	21世紀の特殊教育の在り方について（最終報告）
	学習障害児のための"高校"見晴台学園の設立
1993(平成5)	通級による指導の制度化
	障害者基本法の成立
2000(平成12)	社会福祉基礎構造改革
2005(平成17)	発達障害者支援法の制定
2007(平成19)	特別支援教育の開始
	文部科学省の「特別支援教育の推進について（通知）」
2008(平成20)	名古屋市「なごや子ども条例」の施行
2013(平成25)	障害者差別解消法の制定
2014(平成26)	障害者権利条約の批准

あとがき

　本書の障害児教育福祉の通史をまとめることで、次のような作業をすることができた。
　第一は、名古屋における障害児の教育と福祉の歴史資料の発掘・保存・活用のためになった。
　第二は、これまでなされた学校・施設・関係機関の記念誌、個人によるという限定的なまとめをのり越えることになった。
　第三は、障害児の教育と福祉の両分野にまたがって、これまでに比べ多角的に見直すことになった。
　第四は、名古屋の障害児教育福祉の歴史研究を推進し、教育と福祉の発展にわずかではあろうが資することになった。
　ところで、2017年には愛知社会福祉史研究会が発足した。筆者もその一員として研究を発表する機会を与えられている。名古屋・愛知といった地域史研究を継続させているメンバーから多くのことを教えられている。同研究会の設立の趣旨には、「愛知県の社会福祉には長い歴史があります。そして、愛知県社会福祉史の研究にも戦前からの歩みがあります。しかし、その研究は部分的なものが多く、戦後の研究をみても、個々の分野やテーマに限定されたもの・・・一時期のものに限られ、その後十分に引き継がれませんでした」とある。ここからは、今後の課題として、通史研究を推し進めること、社会福祉全体との関係を明確にすることを読み取ることができる。
　本書は、こうした地域での研究動向の中で誕生し、位置づくものと考え今回整理、総括、刊行することに至ったのである。
　しかし、まだ課題が山積していることは事実である。たとえば、未発掘の資料が学校や施設には残されていること、当時の実践の関係者や利

用者からのインタビューをすること、新聞記事をさらに調べることなどがあると思われる。

　さらに、教育福祉という研究視点に立つなら、1950年代後半に精神薄弱児通園施設では幼児ではなく学齢児のみを対象としたこと、1960年代に法の谷間に置かれていた重症心身障害児への対応、1979年の養護学校義務制施行以前における障害の重度の子どもの就学猶予・免除、2007年の特別支援教育制度以前の通常学級でもなく特別支援学級でもなく適切な教育の場が保障されずにいた発達障害児といった、いわゆる「谷間にいる子どもたち」の実態を明確にする課題が生じてきた。別の機会での発表課題としたい。

　末尾になったが、筆者を歴史研究へと道をひらいてくださった愛知教育大学大学院時代の恩師であった故田中勝文先生の研究と教育への厳しさと優しさがあったからこそ、今日まで研究を続けることができた。

　加えて、現在は社会事業史学会、日本特殊教育学会、かつて存在していた精神薄弱問題史研究会、精神薄弱者施設史研究会といった学びの場で先輩と後輩との交流があったことを附記しておきたい。感謝の気持ちでいっぱいである。

　そして、本書を含めて通して4冊を後世に残せることができたのは、三学出版の中桐和弥様の細かい配慮と支えがあったからである。

愛知教育大学教授　　小川　英彦

主な参考・引用文献（論文は除く）

- 名古屋市役所教育課『個別学級研究報告』（1924年）
- 杉田直樹『治療教育学』（叢文閣、1925年）
- 愛知県児童研究所『愛知県児童研究所紀要』第1輯〜第6輯（1926年〜1931年）
- 名古屋市教育部『名古屋市教育概要』（1931年）
- 丸山良二『教育心理学』（建文館、1933年）
- 特殊教育研究連盟『精神遅滞児教育の実際』（牧書店、1949年）
- 名古屋市本宿郊外学園『学園のあゆみ　五周年記念』（1951年）
- 名古屋市民生局『民生事業概要』（1958年、1964年〜1968年の各年度）
- 名古屋市『民生事業のあらまし』（1969年〜1986年の各年度）
- 名古屋市教育館『名古屋市戦後の教育』（1959年）
- 名古屋市立菊井中学校『特殊学級のカリキュラム』（1960年）
- 吉田久一・高島進『社会事業の歴史』（誠信書房、1964年）
- 愛知県特殊教育研究協議会『愛知特殊教育10年のあゆみ』（1966年）
- 川崎昂『ちえ遅れの子の版画指導』（日本文化科学社、1967年）
- 中野善達・加藤康昭『わが国特殊教育の成立』（東峰書房、1967年）
- 青山大作『名古屋市の社会福祉－終戦時を中心として－』（1973年）
- 愛知県教育委員会『愛知県教育史　第三巻』（1973年）
- 名古屋手をつなぐ親の会連絡会『てをつなぐ親たち－創立20周年記念特別号－』（1973年）

- 文部省『学校保健百年史』(第一法規、1973 年)
- 亀山利子『カツオ・お母さん・共同保育：脳性小児マヒ克郎くんの記録』(鳩の森書房、1973 年)
- 名古屋市民生局『なごやの福祉』(1974 年)
- 堀要『児童精神医学入門』(金原出版、1975 年)
- 荒川勇、大井清吉、中野善達『日本障害児教育史』(福村出版、1976 年)
- 愛知県特殊教育の歩み編集委員会『愛知県特殊教育の歩み』(1977 年)
- 名古屋市児童養護連絡協議会『名養連のあゆみ』(1977 年)
- 文部省『特殊教育百年史』(東洋館出版社、1978 年)
- 愛知県特殊教育百年記念会『あいちの特殊教育』(1978 年)
- 碓井隆次『類別　社会福祉年表』(家政教育社、1979 年)
- 望月勝久『戦後精神薄弱教育方法史』(黎明書房、1979 年)
- 津曲裕次『精神薄弱問題史概説』(川島書店、1980 年)
- 愛知県立名古屋聾学校『名聾八十年史』(1981 年)
- 愛知県立名古屋盲学校記念誌委員会『愛知県立名古屋盲学校創立八十周年』(1981 年)
- 一番ケ瀬康子、高島進『講座社会福祉 2 ―社会福祉の歴史―』(有斐閣、1981 年)
- 鈴木力二『図説　盲教育史事典』(日本図書センター、1985 年)
- 愛知県社会福祉協議会『愛知の福祉―愛知県社会福祉協議会三十五年史―』(1987 年)
- 愛知県『児童相談所 40 年のあゆみ』(1988 年)
- 精神薄弱問題史研究会『人物でつづる障害者教育史』(日本文化科学社、

1988 年）
- 田代国次郎・菊池正治『日本社会福祉人物史（上）（下）』（相川書房、1989 年）
- 愛知県特殊教育推進連盟『愛知県特殊教育のあゆみ－養護学校教育の義務制以降－』（1989 年）
- 日本地域福祉学会地域福祉史研究会『地域福祉史序説－地域福祉の形成と展開－』（中央法規、1993 年）
- 県立岡崎聾学校『本校における聴覚障害教育 90 年の歩み』（1993 年）
- 名古屋手をつなぐ親の会『てをつなぐ親たち―創立 40 年記念特別号―』（1994 年）
- 愛知県教育委員会『愛知県教育史　資料編近代四』（第一法規出版、1995 年）
- 川崎純夫、森島慧『知的障害者と共に生きた川崎昂の教育実践とその思想』（野間教育研究所、1997 年）
- 上田正昭『人権歴史年表』（山川出版社、1999 年）
- 長谷川眞人『児童養護施設の子どもたちはいま－過去・現在・未来を語る－』（三学出版、2000 年）
- 鈴木明子・勝山敏一『感化院の記憶』（桂書房、2001 年）
- 小川利夫・高橋正教『教育福祉論入門』（光生館、2001 年）
- 宍戸健夫・愛知県保育問題研究会史編集委員会『あしたの子ども―愛知の保育問題研究会の歩み―』（新読書社、2002 年）
- 菊池正治、清水教惠、田中和男、永岡正己、室田保夫『日本社会福祉の歴史　付・史料－制度・実践・思想－』（ミネルヴァ書房、2003 年）

- 清原みさ子・豊田和子・原友美・井深淳子『戦後保育の実際―昭和30年代はじめまでの名古屋市の幼稚園・保育所―』(新読書社、2003年)
- 愛知県史編さん委員会『愛知県史　資料編34　近代11 教育』(2004年)
- 愛知県教育委員会『愛知県教育史　資料編現代三』(2005年)
- 愛知県教育委員会『愛知県教育史　第五巻』(2006年)
- 星野貞一郎『日本の福祉を築いたお坊さん』(中央法規、2011年)
- 名古屋市教育委員会『名古屋教育史Ⅰ－近代教育の成立と展開－』(2013年)
- 名古屋市教育委員会『名古屋教育史Ⅱ－教育の拡充と変容－』(2014年)
- 名古屋市教育委員会『名古屋教育史Ⅲ－名古屋の発展と新しい教育－』(2015年)
- NPO法人愛知部落解放・人権研究所『愛知の部落史』(解放出版社、2015年)
- 井原哲人『「精神薄弱」乳幼児福祉政策の戦後史－権利保障体系の展開と変質－』(高菅出版、2015年)
- 障害学研究会中部部会『愛知の障害者運動―実践者たちが語る―』(現代書館、2015年)
- 東海ジェンダー研究所『資料集名古屋における共同保育所運動－1960年代〜1970年代を中心に－』(日本評論社、2016年)
- 加藤俊二『児童相談所70年の歴史と児童相談－"歴史の希望としての児童の支援の探求"』(明石書店、2016年)
- 田中良三・藤井克徳・藤本文朗『障がい者が学び続けるということ―生涯学習を権利として―』(新日本出版社、2016年)

・岡田喜篤・蒔田明嗣『重症心身障害児（者）医療福祉の誕生―その歴史と論点―』（医歯薬出版、2016 年）
・全国児童養護問題研究会『日本の児童養護と養問研半世紀の歩み』（福村出版、2017 年）
・小川英彦『障害児教育福祉の地域史－名古屋・愛知を対象に－』（三学出版、2018 年）

事項・人物索引

【あ】

愛知教育雑誌　11
愛知教育　15 21 33 60
愛知学園　17 42
『愛知県公報』　18 43 73
愛知県教育会　21
『熱田風土記』　22 33
『愛知県聾学校２５年史』　33
愛知県盲学校　40
愛知県聾学校　40
愛知県児童研究所　42
愛知県社会課　43
『愛知県社会事業年報』　43
『愛知県児童研究所紀要』　43
愛知学園児童鑑別所　44
青山大作　49
『愛知県統計年鑑』　69
旭白壁小学校　70
愛知県特殊教育研究会　71
青木誠四郎　73
『愛知県戦後教育史年表』　73
愛知県特殊学級連絡研究会　85
愛知県心身障害者コロニー　96
『愛知の福祉』　90

青い鳥学園　94

【い】

伊東思恭　18
『異常児教育三十年』　21
石川七五三二　43
一ノ組　45
池内共同保育所　110
糸賀一雄　117
意見表明権　119

【え】

『駅裏の一カ年』　67

【お】

大和田国民学校　70
近江学園　117

【か】

感化法　17
感化教育　17 42
『開校百年白鳥』　22
学業不振児　23
川本宇之助　31

『感化教育の栞』　45
笠原道夫　46
川名中学校　46
学童保養園　57
狩り込み　67
学校教育法　67 93
川崎昂　76
『カツオ・お母さん・共同保育』
　　111
学習障害児　116

【き】
教育愛知　10
共存　20
教育病理学　46
九仁会　47
岸本鎌一　48 71
『教育要覧』　70
『教育年報』　70
菊井中学校　75
教育上特別な取扱いを必要とする
　　児童・生徒の判別基準　75
教育の機会均等　87
教育的措置　91
教育基本法　93
義務教育　93
教育的ニーズ　104

共生社会　105
キリスト教社会館　111
教育権保障　116
教育福祉　129

【く】
呉秀三　50
桑原博　72
暮らしの情報　107

【け】
言語障害特殊学級　92

【こ】
口話法　15 94
個別学級　21
公立私立盲学校及聾啞学校規定　28
『口話式聾教育』　31
児玉昌　48
国民学校令施行規則　57
国立教育研究所　70
公立養護学校整備特別措置法
　　87 100
こばと学園　96
小林提樹　117
国際連合　119
子どもの権利条約　119

子どもの権利ノート　119
この子らを世の光に　117

【さ】
榊保三郎　46
三田谷啓　46
斉藤キク　82
最善の利益　119

【し】
私立名古屋盲啞学校　8
白鳥小学校　22
『市内各町細民状態調査』　27
就学義務制　40
『社会事業の歴史』　42
少年教護法　45
昭徳会　49
児童治療教育相談所　49
児童精神病学　50
主要地方浮浪児等保護要綱　67
児童福祉法　67
集団会　71
社会科作業単元　74
弱視特殊学級　91　106
情緒障害特殊学級　92
心身障害者対策基本法　96
重度化　101

就学猶予免除　104
自閉症・情緒障害学級　106
肢体不自由学級　106
障害児保育事業実施要綱　111
指定保育所　111
生涯学習　116
社会事業史学会　129

【す】
菅原小学校　22
杉田直樹　46　71　87
鈴木修学　49
杉山亮　50

【せ】
全国盲啞教育大会　28
セガン　46
性格異常　50
戦災孤児等保護対策要綱　66
全国孤児一斉調査　66
精神薄弱特殊学級　91
専門スタッフ　117
精神薄弱問題史研究会　129
精神薄弱者施設史研究会　129

【そ】
造形活動　79

【た】

橘小学校　22
大成小学校　22
武豊郊外学園　61
武田公雄　71
田村一二　72
田中寛一　73
田中勝文　129

【ち】

中央有鄰学院　17
直観教育　54
『治療教育学』　55
中部日本新聞　74
『ちえ遅れの子の版画指導』　80
中部日本特殊教育研究集会　80
中央教育審議会　86 100
中部六領域案　86
中部社会事業大学　87
知的障害学級　106
地域療育センター　117
地域支援　117

【つ】

通常の学級　105
通級指導教室　107

【て】

帝国盲教育　28
手をつなぐ親の会　80 87
適正就学　101
天白養護学校　102

【と】

豊橋日日新聞　20
『東京盲学校六十年史』　28
『特殊教育資料』　70
特殊教育研究指定校　70 81
トライアウトスクール　72
東海北陸特殊教育研究集会　76
特殊学級指導者講習会　83
『特殊教育１０年のあゆみ』　84
特殊学級の経営記録　85
『特殊学級の手引き』　90
特殊教育拡充計画　100
努力点　101
特殊教育　104
特別支援教育　104
特別支援教育の推進について
　　　104
統合保育　110
『特殊教育百年史』　110
徳風幼児園　111

特別なニーズ　117

【な】

『名古屋盲学校六十年誌』　10
名古屋市立盲啞学校　11
名古屋市公報　11
名古屋市役所教育課　21
名古屋市社会課　27
名古屋新聞　28
『名古屋の社会福祉』　49
名古屋市教育部　57
『名古屋市教育概要』　57
名古屋市国民学校　58
名古屋市学童保養園条例　62
名古屋市総務課　62
『名古屋市教育館報』　72
名古屋タイムズ　78
名古屋大学医学部精神科　87
名古屋大学教育学部　87
名古屋市特殊学級教育課程　90
難聴特殊学級　92　107
名古屋市連合運動会　92
名古屋市作品展　92
名古屋盲学校　94
名古屋聾学校　94
名古屋市児童福祉審議会　111
名古屋市における障害児保育のあり方について　111
なごや子ども条例　119

【に】

日本盲啞学校教育会　15
西川吉之助　31
入級判別の基準　91
日本国憲法　93
西養護学校　101
２１世紀の特殊教育の在り方について　104
日本特殊教育学会　129

【の】

野間郊外学園　57
ノーマライゼーション　117

【は】

橋村徳一　15　31
橋本為次　71
幅下小学校　81
はるひ台学園　96
発達障害　104

【ひ】

貧困問題　27
病弱虚弱教育　57

平岩甫　67
病弱虚弱特殊学級　91 107

【ふ】
船方小学校　22
富士川游　46
浮浪児　66
福祉教室　71
『福祉教室経営』　73
福祉学級　76
分離保育　110
不就学をなくす会　112

【へ】
ヘレン・ケラー　40
ペスタロッチ　61
米国教育使節団　67

【ほ】
堀要　48 72
ホームルーム教育研究指定　76
訪問教育　103
法の谷間　117

【ま】
丸山良二　43

【み】
南押切小学校　22
三宅鑛一　46
三木安正　70
南養護学校　101
見晴台学園　116

【む】
無認可の5年制"高校"　116

【め】
『名養連のあゆみ』　96

【も】
『文部省学校教育局初等教育課調』　61
本宿郊外学園　61
守山東中学校　86
盲学校小学部中学部学習指導要領　93
守山養護学校　102

【や】
柳川石次郎　21
八事少年寮　71
八事小学校　46
八事精神病院　50

【ゆ】
ゆり組　81

【よ】
吉田久一　42
横須賀郊外学園　61
養護学級　59
読売新聞　78
横瀬善正　84
養護学校設置促進計画　88
養護学校学習指導要領　90
幼稚部　94
養護学校　100
養護学校義務制　93 100
養護学校整備7年計画　100

【ら】
ライフステージ　105

【り】
療育　117

【れ】
連合国軍総司令部　93

【ろ】
『聾啞国語教授法』　30
ろう学校小学部中学部学習指導要領　93
6.5％の割合　105

【わ】
脇田良吉　21
我が国に於ける特殊学級教育の現況調査　70
『忘れられた子ら』　72

小川英彦（おがわ　ひでひこ）
1957 年名古屋市中村区生まれ。
1983 年～名古屋市立特別支援学級と特別支援学校（教諭）
1996 年～岡崎女子短期大学（講師）
2003 年～愛知教育大学（助教授）
2006 年～同上　現在に至る（教授）
2012 年～ 2014 年　愛知教育大学附属幼稚園（園長兼任）

歴史研究書の共著・単著
『障害者教育・福祉の先駆者たち』（麗澤大学出版会、2006 年）
『名古屋教育史Ⅰ　近代教育の成立と展開』（名古屋市教育委員会、2013 年）
『名古屋教育史Ⅱ　教育の拡充と変容』（名古屋市教育委員会、2014 年）
『障害児教育福祉の歴史－先駆的実践者の検証－』（三学出版、2014 年）
『名古屋教育史Ⅲ　名古屋の発展と新しい教育』（名古屋市教育委員会、2015 年）
『名古屋教育史資料編　資料でたどる名古屋の教育』（名古屋市教育委員会、
　2016 年、ＤＶＤ）
『障害児教育福祉史の記録－アーカイブスの活用へ－』（三学出版、2016 年）
『障害児教育福祉の地域史－名古屋・愛知を対象に－』（三学出版、2018 年）

歴史研究発表の学会・研究会
社会事業史学会、日本特殊教育学会、愛知社会福祉史研究会、精神薄弱問題史研究会

障害児教育福祉の通史
―― 名古屋の学校・施設の歩み ――

2019 年 3 月 10 日初版印刷
2019 年 3 月 20 日初版発行

　　著　者　　小川英彦
　　発行者　　中桐十糸子
　　発行所　　三学出版有限会社

〒 520-0013　滋賀県大津市勧学 2 丁目 13-3
TEL/FAX 077-525-8476
http://sangaku.or.tv

©OGAWA Hidehiko　　　　　　　亜細亜印刷（株）印刷・製本

三学出版　☆好評既刊

〈2014年5月刊行〉

小川英彦　著
障害児教育福祉の歴史
― 先駆的実践者の検証 ―

障害児の教育と福祉分野における人物史研究である。
明治期から昭和期にかけてより広範な時期を対象にして各々の実践が生み出される社会背景や成立要因、実践の根本的な思想を明確にしようとした。また歴史研究において何よりも大切な資料の発掘を行った。

ISBN978-4-903520-87-2　C3036　A5判　並製　129頁　本体1800円

〈2016年12月刊行〉

小川英彦　著
障害児教育福祉史の記録
― アーカイブスの活用へ ―

障害児の教育と福祉の両分野を対象にして重要と思われる資料の発掘、整理、保存を行った。
副題にもなっているとおり、アーカイブスとして未来に伝達し活用されることを目的とした。後世の研究発展の一助になればという思いがある。

ISBN978-4-908877-05-6　C3036　A5判　並製　197頁　本体2300円

〈2018年8月刊行〉

小川英彦　著
障害児教育福祉の地域史
― 名古屋・愛知を対象に ―

名古屋・愛知という地域での実践の歩みを追究した。
先行研究の一覧、文献目録、年表等の資料を数多く含んでいる。戦前・戦後の連続性、実践の根底に貧困問題があること、児童福祉法制定の精神の貫徹等、実践の特徴を明らかにすることができた。

ISBN978-4-908877-22-3　C3036　A5判　並製　141頁　本体2300円